Michel LACROIX

# LE CULTE DE L'ÉMOTION

FLAMMARION

ISBN : 2-08-210041-3

# Introduction

Il y a des périodes de l'histoire où l'émotion semble se réveiller comme la Belle au bois dormant. Ce fut le cas dans la seconde moitié du XVIIIe siècle, qui donna le coup d'envoi du romantisme. De nombreux signes indiquent que nous entrons dans une période analogue. Il ne se passe guère de semaine sans que l'opinion soit bouleversée par un accident, une catastrophe, une horrible tuerie, ou s'enflamme pour quelque victoire sportive. La mort de la princesse Diana, l'affaire Dutroux en Belgique, le triomphe des Bleus au Mondial de football en 1998 puis à l'Euro 2000 ont provoqué de puissantes ondes de choc révélant l'hyperémotivité de notre psyché collective.

Quand l'actualité immédiate n'apporte pas son lot d'événements dramatiques, la culture récréative prend le relais. Le cinéma, les fictions télévisées, les jeux vidéo, les grands spectacles, les images de synthèse constituent un immense réservoir d'émotions. L'émotion est devenue un objet de marketing, dont les maîtres de nos loisirs calculent soigneusement l'impact, en alternant horreur, surprise, tristesse, indignation, soulagement, compassion, larmes, rires, dans un jeu de contraste qui nous tient en haleine.

L'émotion devient aussi un rite, comme le montre Halloween, fête annuelle des gentilles épouvantes. Plus profondément, les grands courants sociologiques de notre époque peuvent se traduire comme autant d'aspirations à un renouveau de la vie émotionnelle. Ils expriment le besoin de donner une tonalité affective forte à l'expérience du monde. Ainsi, à bien des égards, l'attitude écologiste est-elle faite de crainte et de dévotion pour la nature réenchantée. Les nouvelles pratiques religieuses redonnent leur place à la mystique, à la piété exubérante, aux états de transe. Le New Age prône une voluptueuse fusion avec le cosmos et érige l'affectivité en moyen de connaissance. Le paranormal, le mystère, l'occultisme suscitent un engouement croissant dû, pour une part, aux sensations fortes qu'ils occasionnent. Le patrimoine et les commémorations éveillent la nostalgie et la ferveur. Le développement personnel nous incite à « libérer et à gérer notre potentiel émotionnel ». Quant aux communautarismes, aux mouvements identitaires, aux clans de toutes sortes qui prolifèrent, ils doivent leur dynamisme au fait qu'ils permettent aux individus de s'agréger à des groupes à haute densité affective. Si la société actuelle se retribalise, c'est parce que l'on veut non seulement vivre ensemble, mais vibrer ensemble.

Ce retour à l'émotion constitue à la fois une richesse et un danger. Une richesse, car il tempère les excès de la rationalisation. L'émotion est un exutoire salutaire dans une civilisation soumise aux impératifs de la technoscience et de l'organisation. Il est heureux également que nous donnions congé à une conception étroitement rationaliste de l'*Homo sapiens*. À cet égard, il faut remarquer que le thème de l'émotion est au cœur de la révision de l'image de l'homme qui se produit actuellement. Sous l'influence de la neurobiologie, une anthropologie nouvelle apparaît, en réaction contre la psychologie des années 50 et 60, qui voyait dans l'émotion une perturbation du comportement, un raté de l'action, un handicap. Cette nouvelle anthropologie réhabilite l'émotion. Elle la considère comme un auxiliaire de l'action, comme une alliée de la raison. Dans notre nature profonde, déclare-t-elle, nous sommes *Homo sentiens* autant qu'*Homo sapiens*. Edgar Morin hier et Antonio Damasio aujourd'hui sont les représentants de cette nouvelle vision de l'homme.

Mais le retour à l'émotion constitue aussi un danger, car, nous le verrons dans ce livre, il donne à la sensibilité une orientation unilatérale. Pourquoi, en effet, n'aurions-nous pas affaire plutôt à un retour au sentiment ? Poser une telle question, c'est toucher du doigt le déséquilibre de notre vie affective. Il est révélateur que l'homme contemporain s'intéresse plus à l'émotion, qui est de type explosif, qu'au sentiment, qui a un caractère durable. Au surplus, dans le champ des émotions, il néglige celles qui pourraient enrichir son âme au profit de celles qui lui procurent de simples excitations. Il préfère l'émotion-choc, qui est de l'ordre du cri, à l'émotion-contemplation, qui est de l'ordre du soupir. Il recherche les situations inductrices de sensations fortes. Il a besoin d'être secoué par des commotions, étourdi par des activités hystériformes, étonné par des impressions inédites et puissantes. Sa vie affective est faite de mouvement et non de recueillement, d'action et non de contemplation.

Dans les *Rêveries du promeneur solitaire*, Rousseau décrivait le plaisir délicieux que lui apportait une douce rêverie au bord de l'eau calme. Ce sentiment apaisé de l'existence semble bien éloigné de nos mœurs. Sommes-nous encore capables de vibrer pour des choses simples et naturelles ? Le regard d'un enfant, le bruissement du vent dans les arbres, le chant d'un oiseau, un tableau, un poème ne nous laissent-ils pas, le plus souvent, indifférents ? Une comparaison avec la psychologie des personnages décrits dans les romans du XIXe siècle révèle de façon éloquente l'altération de notre sensibilité. Pour nous sentir vivre, nous avons besoin d'expériences violentes, d'une « invasion de nouveaux stimulants », comme l'annonçait naguère la publicité d'un grand magasin de la rive droite. L'ecstasy, les états modifiés de conscience, les conduites à risque, la vitesse, les aventures de l'extrême, la musique trépidante, les actes de violence, les états de transe, les raves, les sports acrobatiques sont les ingrédients de notre vie émotionnelle survoltée.

Le réveil de l'affectivité auquel on assiste aboutit donc à un tableau contradictoire. Au déchaînement des émotions répond une pauvreté relative des sentiments. La boulimie de sensations fortes s'accompagne d'une anesthésie de la sensibilité. On *s'émeut* beaucoup, mais on ne sait plus vraiment *sentir*. Dans l'un des plus prestigieux lycées de France, quelques professeurs ont voulu récemment créer un club de poésie pour les élèves. Sur les trois mille cinq cents adolescents de « milieux culturellement favorisés » que compte cet établissement, trois seulement répondirent à l'appel. Alors, le cercle des poètes disparut. Au moment où elle est redécouverte et réhabilitée, au moment où on lui rend un culte, l'émotion est-elle donc condamnée à se dégrader ?

*PREMIÈRE PARTIE*

# L'ÉMOTION RETROUVÉE

# Chapitre I

# Toute l'émotion du monde

« On peut encore être ému à notre époque. » Cette information rassurante fut répétée sans relâche au cours de l'année 2000. Il est réconfortant de savoir que l'émotion conserve une place dans notre monde technique et rationnel. Nous nous réjouissons d'apprendre que les impératifs du profit et de l'organisation n'ont pas étouffé la sensibilité. Ainsi, il y a encore des êtres sensibles... Peut-être serions-nous pleinement rassurés sur l'état de notre vie émotionnelle si ce message optimiste ne provenait de la campagne de promotion d'un modèle de la gamme Peugeot. Car il s'agit, très prosaïquement, d'un slogan publicitaire. Ajoutez un mot et trois chiffres, et vous obtenez la version originale : *Peugeot 206. On peut encore être ému à notre époque*.

## *L'émotion, objet publicitaire*

Quelles que soient les réserves qu'inspire une affirmation dictée par des considérations commerciales, nous aurions tort de la négliger. Car la publicité, c'est bien connu, est le miroir de l'âme collective. L'argument de vente qui accompagna la mise sur le marché de la Peugeot 206 est un indice d'autant plus révélateur qu'il n'est pas seul de son espèce. Le thème de l'émotion est devenu, depuis quelques mois, un élément essentiel des campagnes de promotion. Les publicitaires, qui auscultent la société mieux que personne, ont compris que l'émotion fait vendre.

Jugez-en. Le PMU a lancé récemment une campagne sur le thème « Jouez avec vos émotions », une façon de dire que les gains monétaires ont moins de prix que le tremblement du parieur, son attente anxieuse, ses sueurs froides, ses déceptions, ses surprises, bref le *vibrato* psychologique sans lequel le jeu n'est plus qu'une insipide musique. Les Galeries Lafayette présentaient récemment leurs collections de fourrure comme « une nouvelle vague d'émotions ». « Émotions garanties », annonçait de son côté Pioneer, fabricant de matériel audiovisuel. « Capturez les émotions », lance le catalogue FNAC de Noël 2000. Tour à tour, JVC, la SNCF, la chaîne hôtelière Sofitel, la firme Seat ont conçu des slogans publicitaires autour du seul mot « émotion ».

La firme Coca-Cola a lancé au cours de l'été 2000 une grande opération commerciale sur le thème des sensations fortes à travers le globe, présenté comme un vaste temple dédié aux cinq sens, les divinités du moment. Sous le nom de « destinations toutes sensations », le concours consistait à retourner l'étiquette de l'une des 450 millions de bouteilles et de canettes vendues en France. Si l'un des sens y était mentionné, vous deveniez l'heureux gagnant d'un voyage propre à faire vibrer toutes les fibres de votre être. Il y avait cinq prix à remporter, correspondant aux cinq organes des sens. Les voici :

*Voir* : la démesure du Grand Canyon en hélicoptère

*Toucher* : les neiges d'été au Chili en snowboard

*Entendre* : les rythmes endiablés des fiestas brésiliennes

*Sentir* : la force des alizés en jet-ski à Tahiti

*Goûter* : l'aventure au Sri-Lanka à dos d'éléphant.

Même le Futuroscope de Poitiers a adapté sa stratégie de communication à ces besoins nouveaux. Conçu comme un lieu de culture scientifique et technique, il tourne le dos à la didactique austère : « Entrez au Parc du Futuroscope, dans un monde d'émotions et de sensations fortes », lit-on dans son dépliant.

Ces campagnes publicitaires révèlent deux traits de la psyché contemporaine. En premier lieu, elles montrent qu'un retour à l'émotion est en train de se produire. Comme le souligne une étude publiée sous l'égide de Bernard Cathelat, un des meilleurs analystes de la société française, les individus ont « soif d'émotion [1] ». En second lieu, elles nous alertent, en raison même de leur fonction dans la société de consommation, sur le danger d'un détournement de l'émotion. Car faisons-nous un bon usage de nos émotions ? Rien n'est moins sûr. Après tout, les objets auxquels nous demandons de remuer notre âme, les situations qui stimulent notre vie affective, sont souvent de purs artifices : des voitures, des voyages organisés, des divertissements planifiés, des loisirs programmés, le virtuel,

1. Cf. *La Soif d'émotion*, ouvrage collectif publié par Foreseen, organisme européen de marketing, Plon, 1999.

le cyberespace. N'avons-nous pas tendance à instrumentaliser l'émotion ?

De sorte qu'une contradiction fondamentale surgit dans nos mœurs. Au moment même où l'émotion est célébrée, elle est menacée de dénaturation. Le retour de l'émotion s'accompagne de son insidieux dévoiement. Les individus exaltent la sensibilité, mais ils n'hésitent pas à la galvauder. Ce double processus de redécouverte et de corruption est l'objet du livre que l'on va lire.

## *Culture de l'image, culture de l'émotion*

Poursuivons notre examen de la société afin de prendre la mesure complète du phénomène. Les signes d'un retour à l'émotion abondent de toutes parts. Ferons-nous une excursion du côté des loisirs audiovisuels ? Nous découvrons qu'ils sont littéralement saturés en émotion. Les délassements que les individus demandent à la culture de l'image manifestent une véritable préférence pour l'agitation affective. Un film comme *Peur bleue* (remake des *Dents de la mer*), sorti au début de l'année 2000, était annoncé par une affiche où l'on pouvait lire ces mots prometteurs : « Vos émotions les plus profondes reviennent à la surface. » *La Plage*, avec Leonardo DiCaprio, s'est présenté comme « l'his-toire d'un jeune homme à la recherche de sensations fortes ». Il y a cent cinquante ans, Gustave Flaubert décrivait dans *L'Éducation sentimentale* les méandres psychologiques, les scrupules, les hésitations, les atermoiements de Frédéric, qui se consumait d'amour pour Mme Arnoux. Une version moderne de *L'Éducation sentimentale* aurait un tempo plus rapide. Elle décrirait l'impatience de jouir, la quête haletante de personnages s'enivrant de situations extrêmes. Le *sensation-seeker*, « chercheur de sensations », est le héros de notre temps.

Quand un critique veut faire l'éloge d'un long-métrage, il n'a qu'à dire « c'est un film bourré d'émotion », et la cause est entendue. Les maisons de production arrangent les scénarios comme on travaille une matière première à l'usine, dans le but de tirer tout le suc émotif. Le zapping émotionnel impose sa loi. On vient de faire frissonner avec du danger ? On doit aussitôt réchauffer avec de la tendresse. On a ri ? Il faut faire pleurer. On a tremblé, on peut jouir. Les histoires seront pimentées avec ce qu'il faut de sexualité. On assombrit avec le deuil ; on détend l'atmosphère avec la gaieté des enfants. On colorie avec de la poésie. Les fictions télévisées ne sont, la plupart de temps, que d'ingénieux montages, des produits taillés dans la matière émotionnelle par la vertu d'un « couper-coller » analogue à celui des traitements de texte.

16 août 2000. Une soirée de télévision ordinaire. Écoutons en quels termes *Télé Z*, dont les jugements sont concis et sûrs, présente les programmes du *prime time*. La chaîne France 2 propose un téléfilm français racontant l'histoire d'une mère de famille qui a été privée de ses enfants pendant cinq ans. Elle les retrouve enfin et s'efforce de renouer avec eux. Commentaire de *Télé Z* : « Une histoire pas sotte, chaleureusement interprétée, avec de belles émotions. » Sur France 3, le téléfilm est américain, dans le genre thriller. Deux jeunes femmes sont en butte à un assassin. Le guide télé résume : « Assez prenante, cette histoire de meurtre.

N'hésitez pas à vous laisser entraîner dans cette ronde macabre. » L'accord parental est souhaitable... Sur M6, on pourra suivre les aventures d'une jeune femme qui, devenue veuve, est contrainte de diriger l'entreprise familiale menacée par la faillite. Derechef, accord parental souhaitable pour ce téléfilm allemand que *Télé Z* loue en ces termes : « L'histoire de cette mère courage, filmée avec émotion, prend le téléspectateur aux tripes. » Qu'il s'agisse des variétés, des shows, des talk-shows, des fictions, le média télévisuel surfe sur l'émotion. Lors de la Soirée des Étoiles de l'été 2000 consacrée à l'observation du ciel, un journaliste invitait les téléspectateurs à « retrouver leurs sensations face au cosmos ». D'une manière générale, le petit écran fait de l'audience avec de « grands moments d'émotion ». Soucieux de réchauffer les tièdes, de tirer les impassibles de leur coin, de convaincre les irréductibles, les animateurs vous assurent que vous êtes en train de vivre sur ce plateau, en direct, un grand, oui, un très grand moment d'émotion.

Les informations télévisées subissent elles aussi la contagion de l'émotion. Voici, à titre d'illustration, le sommaire du journal de 20 heures sur TF1, le 8 mai 2000. L'émission commence avec le dépôt d'une gerbe à l'Arc de triomphe, en ce jour anniversaire de la capitulation de l'Allemagne nazie. Une délégation de jeunes beurs participe à la cérémonie officielle. La scène éveille le souvenir ému de la victoire, des souffrances de la guerre et des camps d'extermination. La présence des beurs suscite chez le téléspectateur un mouvement de tendresse fraternelle : « Quel bonheur, se dit-il, de voir des jeunes des banlieues symboliquement accueillis dans la communauté nationale. »

La deuxième séquence est relative aux inondations provoquées par des pluies diluviennes dans la région de Dieppe. Les images, spectaculaires, réveillent la peur ancestrale face aux déchaînements de la nature, à quoi s'ajoutent la sympathie pour les habitants désemparés, et, en demi-teinte, l'anxiété : « Ma propre maison est-elle à l'abri de telles catastrophes ? » Vient ensuite un reportage sur la ville de Calais, transportée de joie après le match qui a opposé son club de football au FC-Nantes. Calais a été battue, mais comme la défaite est joyeuse ! Pensez donc : un club de troisième division a disputé la finale de la Coupe de France. La liesse des Calaisiens fait plaisir à voir et le téléspectateur admire le challenger qui osa se mesurer au Goliath nantais. Une « belle aventure », souligne le commentateur, une aventure qui fait battre le cœur des amateurs de sport et réchauffe l'optimisme de tous ceux qui, dans leur vie quotidienne, ont à affronter de plus puissants qu'eux. Après une brève séquence sur les otages retenus aux Philippines par les rebelles (la colère et la compassion sont encore vives au quinzième jour de leur détention), le journal se poursuit avec un reportage-vérité sur les passagers clandestins de cargos venant du Maroc. La caméra a surpris une scène qu'on regarde avec un mélange d'indignation contre les autorités impuissantes à supprimer les filières de l'immigration illégale et une émotion viscérale devant cette intrusion sur le territoire. Fin du journal. Plus émotionnel que cela, tu meurs.

*Le sport au service de l'émotion*

Ne nous hâtons pas d'objecter que cette tension de notre vie affective nous est imposée par la publicité et les médias, et que nous ne demandons qu'à rester tranquilles. Il n'en est rien. Chacun de nous contribue activement à tendre le ressort des émotions, en inventant méthodiquement des occasions de vibrer. Rien de plus significatif, à cet égard, que les pratiques sportives qui ont la faveur du public. Qu'apprécie-t-on le plus de nos jours ? Essentiellement, les activités de glisse. Certains filent à toute allure sur le bitume grâce au roller, au skate, à la trotinette. D'autres prennent plaisir à surfer sur les vagues ou captent la force du vent dans la voilure de leurs dériveurs. On s'accroche au wishbone de planches à voile toujours plus rapides, on descend acrobatiquement les rivières en rafting, on se laisse porter dans les airs grâce aux parapentes, aux deltaplanes, aux montgolfières, aux planeurs, tandis que les VTT dévalent les pentes des montagnes. Or ces activités de glisse présentent un point commun. Elles réalisent, chacune à sa façon, un débrayage de l'effort musculaire au profit du contrôle sensoriel. Qu'il s'agisse de la glisse sur mer, sur terre ou dans les airs, le but est moins de dépenser de l'énergie que de capter et traiter en temps réel de multiples informations en provenance de l'environnement, de garder l'équilibre, de ressentir son corps, de maîtriser un fonctionnement technique complexe. Les sports de glisse ne célèbrent donc pas la force, ni l'endurance, mais une aptitude que nous pourrions qualifier de cybernétique, c'est-à-dire l'art du pilotage. Par là même le corps, exonéré de l'obligation de fournir des efforts, se rend libre pour la jouissance des sens. Il se concentre sur le ressenti. Il devient une « centrale de sensations », pour reprendre une formule du sociologue Georges Vigarello [1]. Et, plus encore, une centrale d'émotions. Car, au-delà du sensitif, c'est bien la vibration émotionnelle qu'on recherche dans les sports de glisse. En réduisant l'effort musculaire au profit du traitement informationnel, on ouvre les vannes de l'euphorie, du vertige, de la jubilation, de l'extase. Le surf, le roller, le parapente, le rafting sont autant de moyens de se procurer des émotions inédites et fortes. Une sorte de crainte voluptueuse, de terreur sacrée s'empare du fragile être humain quand il est soulevé par des vagues gigantesques, précipité vers les abîmes par la pesanteur, élevé aux nues par les courants ascendants, malmené par les torrents. Porté par des éléments qui sont sans commune mesure avec ses faibles forces, le glisseur éprouve une grisante impression de reddition à des puissances surhumaines. Ses sensations amplifiées communiquent une vibration délicieuse à son âme et lui procurent une impression palpitante, quasi mystique, de fusion avec le cosmos.

« Ô sentiment ! sentiment ! douce vie de l'âme ! », s'écriait Saint-Preux dans *La Nouvelle Héloïse* [2]. Tout au long des cent soixante-trois lettres du roman épistolaire qui donna le signal du préromantisme, Rousseau célébrait les « doux sentiments ». Pour décrire la sensibilité actuelle, on pourrait paraphraser cet hymne à la vie affective en changeant les termes : « Ô émotion ! Émo-

1. « Le corps à rude épreuve », in *Le Figaro*, août 2000.
2. *Julie ou la Nouvelle Héloïse*, cinquième partie, lettre VI, Classiques Garnier, p. 585.

tion ! Vie tumultueuse de l'âme ! », s'exclame l'homme moderne. Car il n'est guère question de doux sentiments dans la société contemporaine. Le diapason affectif est plus élevé qu'autrefois. C'est à la vivacité de l'émotion qu'on rend un culte désormais.

*Une société hyperémotive*

Les historiens futurs qui entreprendront de décrire notre époque retiendront qu'elle fut placée sous le signe de l'émotion. Aucun des secteurs de la vie collective contemporaine n'échappe à sa contagion. Les grandes tendances sociologiques actuelles peuvent se traduire comme autant de tentatives pour dynamiser la vie émotionnelle.

Ainsi, le New Age érige l'affectivité en moyen de connaissance, invitant à la découverte du corps, à l'exploration du ressenti, à l'émoi mystique devant l'infini du cosmos. Proche du New Age, l'écologie, qui, pour une part, se nourrit d'émotivité. La crainte de voir les écosystèmes se dégrader, la peur de l'avenir, la hantise des catastrophes planétaires sont à la racine de la position écologique. L'écologie s'accompagne également d'un réveil du sentiment de la nature et, dans ses formes extrêmes (la *deep ecology* ou écologie profonde), elle prône le culte panthéiste d'une nature réenchantée.

Les nouvelles pratiques de vie religieuse, qu'on observe chez les jeunes, dans les mouvements charismatiques ou dans les sectes, participent du même retour à l'émotion. Tournant le dos aux formalismes, aux catéchismes, aux églises, elles redonnent une place au sentiment du « numineux », défini au début du XX^e siècle par l'anthropologue Rudolf Otto comme un mélange d'effroi et d'attirance pour le surnaturel[1]. Les formes de piété qui se développent de nos jours exaltent la participation du corps dans la prière, la transe, la fête collective, les manifestations d'enthousiasme, les « états non ordinaires de conscience », l'expérience mystique, l'extase. De même, l'engouement pour le paranormal et l'irrationnel procède du désir de vivre des expériences affectives exceptionnelles. Donnant congé au rationalisme froid, nos contemporains sont attirés par le mystère. Ils veulent goûter la crainte sacrée qui s'empare de ceux qui osent s'aventurer sur le territoire de la magie, des sciences occultes, de l'ésotérisme.

Le goût des commémorations et le culte du passé s'inscrivent dans ce mouvement de retour à l'émotion. Parmi les douze millions de visiteurs qui, chaque année, profitent des facilités offertes par les Journées du Patrimoine pour visiter des châteaux, d'antiques chapelles, des cloîtres, des hôtels particuliers, des lambris dorés, des salons raffinés pleins du souvenir de la noblesse, beaucoup obéissent à un besoin de ferveur, à un désir de tremper leur âme dans le bain de la nostalgie. La charge émotionnelle est grande également dans les mouvements identitaires, ethniques, régionalistes. La retribalisation de la société et le retour à l'émotion sont, à l'évidence, deux phénomènes connexes. L'esprit communautaire qui se répand, la prolifération des sectes, les clans de toutes sortes montrent que les individus veulent, de plus en plus, vivre sur un mode intense et

1. *Le Sacré*, Petite Bibliothèque Payot, 1968.

chaleureux leur appartenance à une collectivité. Une impulsion irrésistible les entraîne vers les groupes à haute densité affective.

Dans le monde du travail, l'émotion est aussi à l'ordre du jour. Il est caractéristique que les directions des ressources humaines mettent sur pied des stages de « développement personnel et professionnel » permettant aux cadres de dynamiser leur potentiel affectif, d'exprimer leurs sentiments, de gérer, d'exploiter leurs émotions.

### *La politique saisie par l'émotion*

La politique subit à son tour cette contagion de l'émotion. La réprobation indignée, la propension à se scandaliser, les réflexes de compassion jouent un rôle croissant dans le débat public. Les réactions émotives prennent parfois la place du jugement critique, de l'analyse scientifique, du débat d'opinion. En appréhendant les événements à travers le miroir grossissant de l'émotion, ne risque-t-on pas d'escamoter les problèmes, ou de surréagir ?

Observons aussi que, parmi les principes qui régissent la politique moderne, il en est deux qui sont directement liés à l'émotion. Nous faisons allusion d'abord au devoir de mémoire, qui est un impératif de la conscience morale, mais qui appartient simultanément au registre de l'affectivité, dans la mesure où il exprime le refus de l'indifférence. Appliquer le devoir de mémoire, c'est affirmer la volonté de garder intacte, malgré le temps qui passe, la capacité d'être touché par les souffrances subies par les générations passées. Il s'agit à la fois d'un impératif moral et d'un impératif émotionnel, comme le soulignait Vladimir Jankélévitch. De son côté, le principe de précaution, élément majeur de la décision politique moderne, comporte un incontestable aspect de crainte. Le philosophe Hans Jonas, qui formalisa cet axiome de l'action collective dans *Le Principe Responsabilité*, l'appelait, de façon symptomatique, une « heuristique de la peur ».

L'imprégnation de la vie publique par l'émotion retentit sur l'image de l'homme politique idéal. De nos jours, les chefs d'État ou de gouvernement doivent répondre de façon adéquate à la demande émotionnelle de l'opinion. Ils ne sauraient se dispenser de se montrer humains, compatissants, empathiques. Dans le désert idéologique que traverse la société moderne, cette présence de l'affectif dans le politique exerce une fonction compensatrice évidente.

Ainsi, lors du naufrage du sous-marin Koursk en août 2000, l'opinion russe fut indignée par l'apparente indifférence de Vladimir Poutine au début du drame. Dans les premiers jours qui suivirent l'accident, le président russe n'avait pas jugé utile d'interrompre ses vacances. Il n'avait exprimé aucune émotion en public. Cette attitude fut interprétée comme un signe d'insensibilité et porta atteinte à sa popularité.

On se souvient aussi que, lors du débat télévisé qui l'opposa à François Mitterrand en 1981, Valéry Giscard d'Estaing s'efforça de corriger son image de premier de la classe et de compenser son manque de lyrisme en assurant qu'il avait, comme son adversaire, « un cœur ». À défaut de grands projets mobilisateurs, les masses veulent que leurs responsables partagent leurs joies et leurs peines. Paradoxalement, la force du leadership moderne réside dans la capacité de dévoiler une sensibilité, une fragilité tout humaines. Les gouvernants doivent se montrer aptes à ressentir les choses. C'est pourquoi on les voit de plus en plus souvent à Roland-Garros ou au stade de France lors des matchs de finale. Comme le plus modeste spectateur, ils trembleront quand l'Italie mène au score dans les derniers instants de l'Euro 2000. Comme le public, ils laisseront exploser leur joie après la victoire.

Lors de l'accident du *Concorde* en juillet 2000, le président Jacques Chirac ne se contenta pas d'exprimer ses condoléances aux familles des victimes. Une telle formule, qui appartient au registre de la bienséance, convient aux communiqués officiels et impersonnels. Le Président français déclara qu'il « ressentait une intense émotion ». Il s'agit d'être ému et de savoir le dire avec des mots justes. La collectivité se reconnaît dans la figure d'hommes capables de vibrer. Cette présence de l'émotionnel au cœur de l'État est l'aboutissement de ce que, dès les années 60, les politologues diagnostiquèrent sous le nom de « personnalisation du pouvoir ».

## Chapitre 2

# L'émotion, un pis-aller ?

Il faut maintenant passer du constat à l'explication. Quelles sont les causes de ce retour à l'émotion ?

Il s'explique d'abord par un mécanisme de compensation. L'émotion remplit le vide causé par la disparition de ce qu'Ernst Bloch appelait le « principe espérance ». Dans le contexte d'effondrement des idéologies et de brouillage des visions d'avenir, le refuge dans la vie émotionnelle constitue un remède au désarroi. Il n'y a plus de grands projets capables de nous mobiliser. Nos énergies sont privées de débouchés dans la sphère politique. Alors, faute de pouvoir se répandre à l'extérieur, elles se concentrent dans l'enceinte de l'intériorité, elles y fermentent, et le résultat de cette fermentation, c'est l'émotion.

La génération des années 60 s'ennuyait, remarqua Pierre Viansson-Ponté dans un article célèbre [1], qui annonçait prophétiquement la tornade qui allait s'abattre sur la France en mai 68. Elle s'ennuyait, mais elle était pleine de projets, elle croyait dans les idéologies,

1. « La France s'ennuie », *Le Monde*, 1968.

elle avait foi dans l'action, et c'est pourquoi elle fit mai 68, qui dissipa sa langueur. Comme nos aînés, l'ennui nous guette, mais nous n'avons plus cet exutoire. Contrairement aux contestataires de 1968, nous n'apercevons pas d'issue du côté du politique. Il n'y a plus de perspectives d'action au service d'une utopie ou de la lutte de classes. L'électroencéphalogramme révolutionnaire est plat. L'espoir de changer radicalement la vie est éteint dans les cœurs. Alors, désespérant d'accomplir une action politique grandiose, beaucoup de gens se contentent de participer à la chose publique sur le mode affectif de la pure et simple indignation politique. L'émotion leur tient lieu d'engagement.

### *L'émotion, succédané de l'action*

Le repli dans la vie affective est favorisé par le fait que le monde traverse une période de changement profond qui semble échapper à toute maîtrise humaine. Un processus irrésistible, lié aux nouvelles technologies et à la mondialisation, entraîne la planète vers un futur que personne ne contrôle. Nous savons pertinemment que nous ne serons pas les acteurs de cette évolution, mais seulement ses spectateurs impuissants. Alors, faute de pouvoir agir, nous nous émouvons. « Puisque le monde extérieur n'offre pas de prise à mon action, pense l'individu, il ne me reste qu'à exercer mon pouvoir sur mon âme. Celle-ci au moins se laissera remuer par les vibrations que je déclencherai. » Le changement, qui s'avère impossible à l'extérieur, est redirigé vers l'intériorité. Le mouvement est retourné vers soi-même. Cette intériorisation est très précisément l'émotion, comme l'indique d'ailleurs l'étymologie : « é-motion » signifie « qui est mis en mouvement ».

Le calme règne sur le front de la lutte des classes, le monde se refuse à notre contrôle, mais, par bonheur, il reste, pour évacuer le trop-plein de nos énergies, le champ de bataille des sensations fortes. Comme le drogué fuyant le réel dans un voyage narcotique, nous nous intoxiquons avec des expériences émotionnelles. Ou bien nous nous adonnons aux sports à risque. Bien des signes indiquent que les amateurs de ces sports obéissent au besoin de mobiliser leur courage pour quelque chose d'héroïque. Car, si l'on excepte les guerres d'Indochine et d'Algérie, il y a plus d'un demi-siècle que les Français sont en paix. Certains sont peut-être las de ce long répit. Qui sait si, inconsciemment, ils ne regrettent pas les temps troublés où l'on mettait sa vie en jeu pour se défendre contre l'ennemi ? Alors, ils inventent… le saut dans le vide, la tête la première, au bout d'un gros élastique de quinze mètres. C'est leur façon de faire la guerre.

## *Les générations romantiques*

Il y eut, dans l'histoire de France, deux époques où le climat fut très semblable à celui que nous vivons aujourd'hui. Après la chute de Napoléon en 1815, une partie de la jeunesse fut gagnée par un sentiment de désenchantement. Son besoin d'action, qui, sous l'Empire, avait trouvé un exutoire dans la guerre, était frustré par le retour à la paix. Elle se morfondait dans une Europe tenue en lisière par le Congrès de Vienne. Dans *La Confession d'un enfant du siècle*, Alfred de Musset décrivit l'état moral de cette génération qui ruminait son désespoir, partagée entre le souvenir nostalgique de la Grande Armée et l'ennui de la Restauration :

> « Un sentiment de malaise inexprimable commença à fermenter dans tous les jeunes cœurs. Condamnés au repos par les souverains du monde, livrés aux cuistres de toute espèce, à l'oisiveté et à l'ennui, les jeunes gens voyaient se retirer d'eux les vagues écumantes contre lesquelles ils avaient préparé leurs bras [1]. »

Pour beaucoup de Français de cette époque, la sensibilité s'offrit comme un dérivatif. L'inaction à laquelle ils étaient condamnés exaspéra leur fibre romantique. La génération d'après Napoléon s'évada dans la vie de l'âme, laquelle était d'ailleurs assez différente de la nôtre. Elle était moins agitée, plus contemplative. Elle se nourrissait d'une imagination délicate et raffinée, et non point, comme aujourd'hui, de sensations fortes. Les émotions étaient recueillies, profondes, métaphysiques. Mais qu'importe. Si l'on fait abstraction de ces différences, l'analogie avec notre époque est frappante. Comme aujourd'hui, la vie de l'âme offrait aux individus une perspective d'évasion. L'émotion était l'« échappée belle » permettant d'oublier que le monde est décevant.

Dans les années qui suivirent la défaite de 1870, le même scénario se reproduisit. La Prusse venait d'infliger une terrible défaite à la France. Elle avait annexé l'Alsace

1. *La Confession d'un enfant du siècle*, Flammarion, 1935, p. 11.

et une partie de la Lorraine. Les Français rêvaient d'effacer cette humiliation, mais, étant donné le rapport des forces, une nouvelle guerre eût entraîné un nouveau désastre. Une atmosphère de résignation amère s'abattit sur le pays. L'esprit public était rongé par un sentiment d'infériorité, de rage impuissante. La Revanche était présente dans toutes les têtes : on « y pensait toujours, mais on n'en parlait jamais », telle était la règle. Les mêmes causes produisant les mêmes effets, cette situation d'impuissance entraîna une fuite dans la vie intérieure. Comme après Waterloo, on s'évada dans la sensibilité. On vivait alors « dans un monde où rien de grand ne pouvait se faire ou se dire, où l'on pouvait tout au plus sentir et penser stérilement de grandes choses [1] ».

Si l'on appelle « romantisme » la posture qui consiste à s'évader du réel grâce à l'une des facultés du sens interne, imagination, passion, rêverie, contemplation artistique, etc., alors la génération d'après 1870 fut, comme son aînée de la Restauration, romantique. Et notre époque, qui demande le secret de l'évasion à la sensibilité, qui essaie d'échapper à un monde rigide par la vibration intérieure et la sensation forte, est elle aussi romantique. Nous cultivons le romantisme de l'émotion.

### *L'émotion et le culte du moi*

Mais il faut aller au-delà d'une explication qui réduit l'émotion à un simple rôle compensateur. L'émotion

1. Cf. la *Vie de Victor Alfieri d'Asti écrite par lui-même*, 1877, p. 109, cité in Maurice Barrès, *Romans et Voyages*, Robert Laffont, coll. « Bouquins », p. 764.

n'est pas seulement un palliatif, un remède au découragement, un substitut de l'action devenue impossible. Elle n'est pas seulement un moyen d'échapper au spleen, c'est-à-dire d'*échapper à soi-même*. En fait, elle est surtout recherchée par l'homme contemporain parce qu'elle lui apparaît comme un moyen d'*être soi-même*. Elle est devenue le centre de ses préoccupations, une quête de tous les instants, parce qu'elle répond parfaitement à l'idéal de vie qui s'incarne dans le culte du moi. Elle tire sa séduction du fait qu'elle se présente comme la clé de l'épanouissement personnel. En donnant accès à une vie riche, authentique, pleinement humaine, elle participe du souci de soi. Le retour à l'émotion est, fondamentalement, une manifestation de l'individualisme contemporain.

# Chapitre 3

# L'*Homo sentiens*, idéal de notre temps

Chaque période de l'histoire a son type humain idéal. La société médiévale connut le chevalier valeureux et courtois. La Renaissance inventa l'homme de cour, *il cortegiano*, mélange harmonieux de bienséance, d'élégance, de *virtu* et de fidélité au Prince. Le XVII^e^ siècle eut l'honnête homme, le XVIII^e^ le philosophe éclairé et le XIX^e^ exalta l'entrepreneur audacieux, le « bourgeois conquérant ». Quel est, en notre époque d'individualisme extrême, le type humain idéal ? C'est l'être qui voue un culte à l'émotion, l'homme émotionnel, l'*Homo sentiens*.

## *L'art de vivre dans et par l'émotion*

L'homme émotionnel a pour première caractéristique d'être sans crainte face à ses émotions. Il ne se sent pas menacé, amoindri ou déshonoré si elles l'envahissent. Il n'éprouve pas le besoin de les refouler. Il les exprime, il les « gère », comme disent les spécialistes du développement personnel. Le culte de l'émotion s'inscrit en faux, à cet égard, contre la psychologie académique qui, jusqu'à une période récente, considérait l'émotion comme un déficit du comportement, un raté de l'action, une cause d'inadaptation. Non, rétorque-t-il, l'émotion n'est pas une faiblesse, mais un atout. Elle doit être cultivée car elle favorise l'épanouissement personnel. Elle est l'auxiliaire le plus efficace du souci de soi.

L'idéal de l'homme émotionnel s'accompagne d'une exigence d'authenticité. On est soi-même, énonce-t-il, seulement à partir du moment où l'on peut ressentir et exprimer les émotions qui agitent notre âme. La capacité de frémir est le plus précieux attribut de notre humanité. « Heureux qui sait frémir », disait Goethe. C'est au moment où j'éprouve cette vibration intérieure que j'atteins le noyau de mon être, que j'accède à l'irréductible singularité de ma personne, que j'affirme ma différence. « Être signifie ressentir », déclare Arthur Janov[1], médecin et psychanalyste, créateur du Cri primal, une technique de guérison des névroses fondée sur la décharge émotionnelle.

À cette exigence d'authenticité s'articule une philosophie anti-intellectualiste, qui est en pleine résonance avec l'esprit de notre temps. Le culte de l'émotion renverse l'échelle habituelle des facultés de l'âme. Il fait descendre la cérébralité de son piédestal. L'existence vraiment humaine, selon lui, n'est pas celle qui nous élève à l'intellectualité, mais celle qui ramène à la sensorialité, à la primitivité des sens. Plongez-vous dans l'infra-intellectuel ! Votre vie sera mieux employée si vous vous

1. *Le Cri primal*, Champs-Flammarion, 1978, p. 277.

appliquez à sentir plutôt qu'à penser. Fritz Perls, fondateur de la *gestalt* thérapie, une forme de thérapie brève reposant sur la libération émotionnelle, adresse le conseil suivant à ses patients : *Loose your head, come to your senses*, « Quittez votre tête, rejoignez vos sens [1]. » Cette consigne est reprise par Carlfried von Dürckheim. Catholique allemand mort en 1988, initié au zen lors d'un séjour de dix ans au Japon, Dürckheim fait figure de « sage » du monde occidental. Il a conçu une méthode de réalisation de soi, la *Leibtherapie*, qui connaît un grand succès. Dans le *Centre de l'être*, un des livres de référence du développement personnel, il déclare laconiquement : « Sentir, toujours sentir, pas réfléchir [2]. »

Le culte de l'émotion reprend à son compte l'idée, très répandue dans la doxa psychologique actuelle, selon laquelle il convient de réduire l'influence du cerveau gauche, analytique et logique, au profit du cerveau droit, intuitif, émotif, artistique. « Libérez votre cerveau droit » est un de ses plus constants mots d'ordre. Ce faisant, il véhicule un certain antioccidentalisme, car l'Occident, contrairement à l'Orient, est accusé d'avoir négligé le cerveau droit au profit du cerveau gauche.

Le culte de l'émotion se caractérise aussi par la place donnée au corps. C'est d'ailleurs en partie l'intérêt porté au corps qui explique l'ardeur avec laquelle l'homme contemporain redécouvre l'émotion. En réhabilitant le corps, on est conduit, par le même mouvement, à réha-

1. Cité par Serge Ginger, *La Gestalt, une thérapie du contact*, Hommes et groupes, 1987, p. 289.

2. *Le Centre de l'être*, Albin Michel, coll. « Spiritualités vivantes », 1992, p. 30.

biliter l'émotion. Le culte de l'émotion et le culte du corps sont les deux faces d'une même révolution des mentalités. L'avantage que possède l'émotion est, en effet, de participer à la fois de la vie de l'âme et de celle du corps. Elle est le signe de ce qu'on appelait autrefois l'« union de l'âme et du corps ». Elle se situe à l'interface des deux composantes de la nature humaine. Quand une émotion survient, notre corps se rappelle à nous à travers toutes sortes de modifications physiologiques, neurovégétatives, endrocriniennes. L'altération de la respiration, le changement du rythme cardiaque, les sueurs froides, les frissons, les tremblements, la boule dans la gorge attestent que l'émotion est, dans son essence, charnelle. Elle est de la sensibilité incarnée. Vivre d'une façon émotionnelle, c'est donc vivre au plus près de son corps. Laisser parler ses émotions, c'est donner la parole au corps. Le culte de l'émotion séduit l'homme contemporain car il légitime une façon de vivre, organique, basique. En s'abandonnant à ses émotions, on réapprend à *être* son corps. On ressent le délicieux affleurement de la physiologie sous la gangue culturelle. On participe à la subversion de la culture par la nature.

### *Au-delà du rationalisme*

L'homme émotionnel que notre époque se donne pour idéal cherche à établir un rapport sensitif avec le monde. Il est solidaire d'une philosophie de la connaissance qui attribue un rôle majeur à l'affectivité. À ses yeux, le monde ne se laisse pas dévoiler par l'exercice des fonctions cognitives, mais à travers le prisme de l'émotion. On pourrait comparer l'homme émotionnel à Bouvard et Pécuchet, avec cette différence que dans son cas il s'agit non pas de tout savoir, mais de tout sentir, ou plutôt, de tout savoir par la voie du « sentir ». La sensibilité est son moyen de connaissance privilégié. Connaître, selon lui, c'est permettre au monde de produire une résonance affective, une vibration dans le for intérieur. Le culte de l'émotion s'inscrit, à cet égard, dans le droit-fil du New Age, qui, au rebours de la méthode scientifique, refuse la mise entre parenthèses de la subjectivité et cherche à abolir toute séparation entre l'objet de connaissance et le sujet qui connaît. La clé de l'intelligibilité est de porter l'objet et le sujet à l'incandescence dans une émotion, grâce à laquelle ils s'interpénétreront et réaliseront leur fusion.

C'est cet antipositivisme que traduit le concours de Coca-Cola décrit plus haut. La firme proposait aux lauréats une découverte du monde sur le mode émotif, et non pas cognitif. Elle leur offrait non pas des voyages d'étude destinés à enrichir leur information, à emmagasiner du savoir, à réfléchir sur la diversité du monde, mais des parcours hédonistes, des explorations géographiques enivrantes, des courses à travers la planète en vue de faire le plein d'émotions. Cette promotion de l'affectivité, cette connaissance vibrante et participative rappelle ce que les romantiques prônaient sous le nom d'*Einfühlung*.

En définitive, le culte de l'émotion envisage le monde non pas tant comme un objet de connaissance que comme moyen de jouissance. Pour l'homme émotionnel, le monde n'a de saveur que s'il a un retentissement affectif, s'il le fait vibrer. Dans *Les Ailes du désir,* de

Wim Wenders, le film est en noir et blanc jusqu'au moment où l'un des anges messagers du Ciel, Daniel Damiel, éprouve le commencement d'un désir pour Marion, la trapéziste. Tout change avec ce premier émoi d'amour. Dès l'instant où le cœur de l'ange est remué par ce trouble délicieux, le film se colorise. Le cinéaste ne pouvait mieux suggérer que c'est la palpitation affective, le frémissement de l'émotion qui donnent de la couleur au monde.

Aux yeux de l'*Homo sentiens*, l'expérience des choses et des êtres n'est donc intéressante que si elle est irriguée par l'émotion. Le monde ne vaut pas comme objet d'investigation scientifique ni comme matière à dominer par la technique, mais par son pouvoir d'éveiller un écho affectif. Il n'est pas un gisement de ressources matérielles à exploiter, mais une source d'émotions à vivre. Ses constituants ultimes ne sont pas des atomes de matière, mais des particules émotionnelles. De même que les couleurs fondamentales, jaune, rouge, bleu, donnent de l'attrait aux sensations visuelles en se combinant sur la palette du peintre, de même le jeu sur le clavier des émotions, la surprise, la colère, la peur, la joie, l'admiration, l'extase constitue toute la musique du monde. Fait révélateur, de nombreux magazines relatifs au goût ont vu le jour dans la période récente. Un des films les plus populaires de l'année 2000 s'appelait *Le Goût des autres*. Le goût n'est-il pas, au fond, l'antichambre de l'émotion ? Le retour au goût est une façon de dire que, sans nos émotions, le monde redeviendrait insipide.

*Le cogito sensible*

Pour bien cerner la figure de l'*Homo sentiens*, il convient de se demander quelle place il réserve à la réflexion sur soi, c'est-à-dire à l'auto-observation. Éprouve-t-il le besoin de rentrer en lui-même ? Est-il capable de se tendre un miroir afin de contempler ce qui se passe dans sa vie intérieure ? Bref, qu'advient-il de la conscience de soi à l'ère de l'émotion ? Nous allons voir que, s'il ne l'exclut pas, l'homme émotionnel l'envisage d'une manière bien différente de celle qu'inaugura Descartes dans les *Méditations métaphysiques*.

Descartes abordait la réflexion sur soi dans une optique cognitive. Le redoublement réflexif pratiqué dans les *Méditations* était un acte rationaliste, permettant au sujet de réfléchir sur sa propre pensée. Ce que Descartes apercevait au fond de lui était avant tout le fait qu'il pensait. En sondant son intériorité, il découvrait la « substance pensée », la *res cogitans*. C'est ce contenu de la conscience de soi qu'exprime le mot de *cogito*. Au surplus, ce cogito devait remplir une fonction précise dans le cheminement des *Méditations*. Il était conçu comme le premier maillon d'une chaîne de raisons destinée à établir une certitude philosophique. Il était la première étape dans la découverte de la vérité. Par son contenu comme par sa visée, le cogito cartésien était donc intellectuel.

Dans l'optique du culte de l'émotion, l'exercice de la conscience de soi revêt une tout autre signification. Lorsqu'il fait retour sur lui-même, l'homme émotionnel se propose en effet non pas d'analyser le contenu de sa pensée, mais de retrouver ses affects, ses impressions, ses émotions. L'expérience réflexive à laquelle il se livre est d'ordre affectif et non pas cognitif. Il ne dit pas « Je sais que je pense », mais « Je sais que je sens », et plus encore « Je sens que je sens ». Il se veut un disciple de Rousseau et non de Descartes.

Comme dans la cinquième promenade des *Rêveries du promeneur solitaire*, où Jean-Jacques s'abandonnait à une délicieuse sensation d'exister, l'homme émotionnel entend jouir du plaisir d'exister. Un des faits les plus révélateurs à cet égard est l'importance du « ressenti » dans les exercices de bien-être et de développement personnel. Les formateurs et les thérapeutes insistent sur la nécessité de reprendre contact avec son moi intime par la voie du ressenti, afin de découvrir son identité profonde. Rousseau n'aurait peut-être pas désavoué cette démarche. L'homme actuel ne dit pas « Je pense, donc je suis », mais « Je sens, donc je suis ». Il se plaît à éprouver des émotions et à constater, par l'auto-observation, qu'il les éprouve. Dans une sorte de redoublement, de réverbération, il veut jouir deux fois : la première en étant saisi par l'émotion, la seconde en ayant conscience de cette émotion. Il veut à la fois ressentir et pouvoir dire ce qu'il ressent. Au cogito cartésien se substitue le cogito émotionnel.

### *La méditation et l'émotion sont-elles incompatibles ?*

La question de la vie intérieure que nous venons d'entrevoir nous conduit à aborder le problème de la méditation. La pratique de la méditation, on le sait, suscite un véritable engouement dans la société actuelle.

Elle constitue un volet important des activités de développement personnel et des techniques de bien-être. Les sectes l'enseignent à leurs adeptes, telle Méditation transcendantale, qui revendique vingt mille méditants en France. On estime à deux millions le nombre de personnes pratiquant régulièrement la méditation en France. Cette pratique est-elle en contradiction avec l'idéal de l'homme émotionnel ?

Au premier abord, la méditation et l'émotion paraissent antinomiques. La méditation vise à supprimer toute agitation, autrement dit à annuler les manifestations de la vie émotionnelle. Le méditant doit s'apaiser, faire taire son affectivité afin d'atteindre un état de sérénité. De façon caractéristique, une métaphore qui revient souvent dans le discours des maîtres enseignant la méditation assimile le « mental » à une étendue d'eau, un lac, un océan. Le but de la méditation, indiquent-ils, est de calmer cette eau, d'en supprimer les vagues, afin de regarder en soi-même comme à la surface d'un miroir. « Vous ne pouvez vous faire une idée de votre âme, écrit Swâmi Sivânanda Sarasvati, grand maître spirituel de l'Inde et auteur d'un livre de référence sur la vie intérieure, que si les vagues de votre lac mental sont tout à fait calmées [1]. » Ces vagues, appelées « vrittis » dans la tradition hindoue, sont les « pensées qui s'élèvent dans le mental ». Elles sont, poursuit Sarasvati, d'autant plus tumultueuses et perturbatrices qu'elles sont chargées d'émotion. On ne saurait mieux dire que la réussite de la méditation passe par la suppression des émotions.

1. *La Pratique de la méditation*, Albin Michel, coll. « Spiritualités vivantes », 1970, p. 60.

Mais regardons de plus près. La renonciation des méditants à l'affectivité n'est pas aussi radicale qu'il y paraît au premier abord. Considérons en effet les mots qu'ils utilisent pour décrire leur expérience intérieure. Ils parlent volontiers de l'« immensité intime », du trésor, du havre de paix résidant au fond d'eux-mêmes. Or de tels mots ne sont pas neutres. Ils ont une forte résonance affective. Ils sont propres à susciter chez les intéressés de l'enthousiasme, de l'exaltation, c'est-à-dire, au fond, une émotion. Il est frappant de voir que, lorsqu'ils analysent leur démarche, les adeptes de la méditation s'expriment en termes hédonistes, et non pas gnoséologiques. Ils sont, confient-ils, en quête de sensations internes inédites et puissantes. La méditation est destinée à leur procurer un plaisir profond, pur, d'une essence rare, mais enfin un plaisir. En se plongeant dans la profondeur de leur moi, ils n'entendent pas tourner le dos à l'affectivité pour s'élever à on ne sait quelle ataraxie. Ils veulent goûter à la saveur d'une expérience intense. Ils ne conçoivent pas la méditation comme un acte froidement cognitif, mais comme une plongée délicieuse dans le for intérieur. Bien conduite, celle-ci doit aboutir au frémissement de l'extase. Tous les maîtres de la vie intérieure, qu'ils soient orientaux ou occidentaux, ont souligné l'intensité de ces moments ultimes. Carlfried von Dürckheim a décrit le ravissement qui saisit le sujet quand, sous le moi phénoménal, il découvre grâce à la méditation son moi essentiel, « nouménal ». Jung a exalté l'enchantement du moi profond, de la découverte du Soi riche d'images millénaires, d'archétypes par lesquels chaque individu résume l'humanité entière. Stanislav Grof, un des pionniers de la psychologie transpersonnelle, a souligné l'intensité des moments où, plongé au cœur de son individualité, le sujet est envahi par un sentiment océanique qui le relie au Tout, tel un microcosme dans le macrocosme.

Fondamentalement, les méditants tiennent leur âme pour délectable. En creusant au plus profond de soi, assurent-ils, on découvre une source de joie infinie. Le moi profond est un trésor qu'on exhume avec ivresse, une Atlantide palpitante que l'on explore avec jubilation. Réchauffée par la lumière du Soi, du transpersonnel, animée par la douce vibration de l'extase, la vie intérieure est pour eux une volupté.

Dès lors, l'opposition initiale entre les pratiques de méditation et le culte de l'émotion s'évanouit. Il n'y a pas incompatibilité entre l'idéal de l'homme émotionnel et les pratiques de méditation. Certes, la méditation commence par donner congé aux émotions, mais il ne s'agit que de celles qui se forment à la surface de la vie psychique. Toutes les sortes d'émotions ne sont pas supprimées pour autant. Car, sitôt que ce premier acte libérateur a été accompli, la méditation transporte le sujet dans la profondeur d'un moi, lequel est conçu comme un réservoir d'émotions inédites et exquises. L'ascèse de la méditation promet à ceux qui feront l'effort de s'y plier une sorte de gaieté océanique, un ravissement face à leur immensité intime. Elle conduit à l'extase, à la saveur inouïe du transpersonnel. De façon révélatrice, la secte des raëliens, fondée par Claude Vorilhon, prône une « méditation sensuelle » aboutissant à un « orgasme cosmique ». Un tel langage montre bien les liens étroits qui unissent, en définitive, la vie émotionnelle et la vie méditative. Nous résumerons ce point en disant que la méditation élimine les émotions superficielles, les « vrittis », pour laisser place à des émotions venant du noyau de l'être. Elle écarte la couche superficielle de la vie émotionnelle pour atteindre les territoires enfouis dans les couches profondes du moi. Un peu de méditation nous a éloigné de l'émotion. Beaucoup de méditation nous y ramène.

### *Le spectre de l'impassibilité*

Pour parachever le portrait de l'homme émotionnel, il reste à décrire, par contraste, les formes de vie qui lui sont antinomiques. Comme tout type humain, il ressortira avec plus de relief si on l'oppose à son antithèse. Une des figures les plus contraires à l'idéal de l'homme émotionnel est, à cet égard, le sage stoïcien. Rien n'est plus éloigné de notre art de vivre dans et par l'émotion que l'idéal forgé par Sénèque et Marc Aurèle. Marc Aurèle érigeait en règle de vie la longanimité, l'impassibilité, l'égalité d'âme. Il prônait la prééminence de l'« âme raisonnable » sur les « émotions douces ou rudes de la chair ». Face aux événements, il recommandait une attitude d'acquiescement courageux, de résignation : « Il faut accepter ce qui survient », écrivait-il dans ses *Pensées* ; et il précisait : « Ne pas s'affliger, ne pas s'irriter, ne pas s'effrayer [1]. » Si l'on compte bien, dans une même phrase, trois émotions fondamentales étaient mises à l'index ! Cet effort acharné pour élever un barrage

1. Marc Aurèle, *Pensées*, X, 8, et X, 25, in *Les Stoïciens*, textes choisis et traduits par Jean Brun, PUF, 1968.

contre les émotions est profondément étranger à notre tempérament moral. Nous ne nous reconnaissons pas dans la figure du philosophe tranquille que rien ne trouble. Son idéal de sang-froid est un véritable repoussoir pour notre idéal de frénésie émotionnelle.

À côté du sage stoïcien qui refuse les émotions se dresse une autre figure, celle de l'homme incapable d'éprouver des émotions. Nous faisons allusion à la pathologie psychiatrique connue sous le nom d'alexithymie, caractérisée par l'indifférence du sujet par rapport au monde environnant, ainsi qu'aux sujets qui, à la suite d'un accident, d'une intervention chirurgicale ou d'une lésion cérébrale ont perdu leurs capacités émotionnelles. Le plus fameux est celui de l'Américain Phineas Gage, dont l'histoire défraya la chronique en Nouvelle-Angleterre au milieu du XIXe siècle. En 1848, cet employé des chemins de fers de la Compagnie Rutland & Burlington Railroad fut victime d'un grave accident. Une barre métallique lui transperça la boîte crânienne, entraînant d'importantes lésions à la base du cerveau et sur le lobe frontal. Miraculeusement, Gage resta en vie, mais son caractère fut profondément altéré. Cent cinquante ans plus tard, le neurobiologiste Antonio Damasio réétudia son cas à partir de l'examen de son squelette et des rapports médicaux de l'époque [1]. Gage avait gardé toute son intelligence après son accident ; il continuait de s'exprimer normalement ; mais son caractère était transformé et ses relations sociales se détériorèrent. Le diagnostic de Damasio est que Gage avait perdu sa compétence émotionnelle.

1. Antonio Damasio, *L'Erreur de Descartes*, Odile Jacob, 1995.

On rapporte le cas similaire d'un jeune homme à qui on avait retiré l'amygdale [1] pour tenter de mettre fin à de graves crises d'épilepsie. À la suite de cette opération, il avait perdu tout intérêt pour les gens. Il restait capable de tenir une conversation, il raisonnait correctement, mais, à l'instar de Gage, « il semblait avoir perdu, écrit le journaliste scientifique Daniel Goleman, la faculté d'éprouver des sentiments, de percevoir ceux des autres et d'y être sensible [2] ». Ces précisions sont révélatrices. Ce tableau clinique dessine exactement le négatif de l'homme émotionnel qui a la faveur de notre époque. Voilà en effet un malade dont les facultés linguistiques et intellectuelles étaient restées en partie intactes, mais dont la sensibilité était désormais défaillante. Il ne pouvait ni ressentir des émotions ni les percevoir chez ses interlocuteurs. Il conservait les acquis essentiels de la culture, c'est-à-dire le langage et la raison, mais son « intelligence émotionnelle » était abolie.

Toutes les époques inventent une figure-repoussoir, opposée à leur idéal de vie, un spectre angoissant en lequel elles condensent leur conception de l'inhumanité. Le siècle des Lumières eut, à son crépuscule, le fameux sauvage de l'Aveyron, recueilli à l'âge d'onze ans par le docteur Itard. Incapable de s'exprimer à l'aide du langage articulé, Victor incarnait le triomphe de l'impulsion et de l'affectivité incontrôlée. Pour les forains qui l'exhibaient devant les foules de badauds, le petit rescapé des bois de Lacaune symbolisait l'anti-raison, à laquelle l'homme est voué quand il est exclu du

1. Petite structure à la base du cerveau. À ne pas confondre avec les organes du même nom situés dans le larynx.

2. Daniel Goleman, *L'Intelligence émotionnelle*, J'ai Lu, 1998, p. 34.

processus humanisant de la culture. Le sauvage de l'Aveyron appartenait au domaine de l'inhumanité.

Avec le culte de l'émotion, l'échelle des valeurs s'inverse. L'antithèse de l'*Homo sentiens* que nous rêvons d'être est désormais l'homme qui, bien qu'en possession de la raison et du langage, se voit privé de la sensibilité. L'équivalent moderne du sauvage de l'Aveyron est l'individu pour qui le monde, devenu sans saveur, n'éveille plus aucune résonance émotionnelle. Comme dans les premières images des *Ailes du désir*, sa vie de relation est décolorisée. À l'instar du fou selon Chesterton, il a tout perdu, sauf la raison. Tandis que les Lumières s'effrayaient de l'homme sans intelligence ni langage, c'est-à-dire privé des acquis de la culture, la non-humanité est incarnée pour nous dans la figure de l'homme sans émotions, c'est-à-dire privé de la nature.

# Chapitre 4

# « Libérez vos émotions ! »

Ainsi, le culte de l'émotion est la manifestation ultime de l'individualisme. Il représente l'apogée du culte du moi. Pour l'homme contemporain, tout projet d'épanouissement passe désormais par l'actualisation de son « potentiel émotionnel ».

Mais fixer un objectif ne suffit pas. Il faut aussi indiquer les moyens de l'atteindre. Le culte de l'émotion resterait lettre morte si, ayant déterminé son but, il négligeait de proposer une méthode. À quoi bon répéter aux individus, comme le font les spécialistes du développement personnel, qu'ils possèdent un potentiel émotionnel, à quoi bon exalter l'idéal de l'homme émotionnel si, dans le même temps, on omet d'indiquer de quelle façon il est possible d'actualiser ce potentiel ? L'homme actuel ne se résigne pas à ce que sa sensibilité mûrisse d'une façon chaotique. Il ne veut pas s'en remettre au hasard. Il lui faut un plan, des outils, des stratégies. Il ne vit pas pour rien dans une civilisation technique… Le culte de l'émotion va donc devoir se compléter d'un volet instrumental grâce auquel on apprendra à cultiver ses émotions.

Cet apprentissage consiste, pour l'essentiel, en une libération des émotions. « Libérez vos émotions » : tel est le mot d'ordre, le B.A.-BA de l'épanouissement à notre époque. Tout se passe comme si l'aspiration à la liberté, désormais satisfaite au plan sociopolitique, se déplaçait vers la sphère de l'intimité. À l'ère postmoderne, le projet individualiste ne vise plus à s'affranchir des pouvoirs arbitraires, à conquérir les libertés publiques, à imposer la liberté des mœurs (tout cela est acquis), mais à obtenir le droit d'épancher ses états affectifs. L'émotion est la nouvelle frontière du combat pour la liberté.

*La lutte contre la répression sociale des émotions*

Cette libération émotionnelle est un processus qui se déroule en trois étapes. La première étape est sociologique. L'homme désireux de développer sa vie émotionnelle va devoir commencer par s'émanciper des contraintes sociales pesant sur l'émotion. La réhabilitation de l'émotion est indissociable d'une contestation des interdits sociaux. Car la société, jusqu'à présent, réprouvait les débordements émotionnels. Elle élevait contre eux de multiples obstacles. Elle prétendait contrôler et limiter l'expression de l'affectivité.

Aucun document n'est plus instructif à cet égard que les manuels de savoir-vivre publiés au XIXe siècle. La bienséance dont ces manuels fixèrent le code minutieux avait pour principale fonction d'endiguer l'émotion. Les règles de politesse constituaient autant d'entraves à son expression. La lecture de ces manuels permet de mesurer à quel conditionnement émotionnel nos ancêtres étaient soumis [1]. À table, au salon, lors des bals, dans la conversation, dans les lieux publics, lors des visites que l'on se rendait selon un rituel précis, l'homme et la femme étaient tenus de refréner leurs impulsions et de cacher leurs émois. Il fallait modérer sa gaieté, éviter les démonstrations bruyantes de joie, dissimuler sa tristesse, atténuer son enthousiasme, freiner ses élans d'admiration, faire taire son dégoût, masquer ses penchants et ses aversions, rire avec mesure. La société de bienséance exigeait des individus qu'ils donnent une image de sang-froid, de maîtrise d'eux-mêmes. Un objet aussi banal que l'éventail avait une fonction précise dans cette gestion sociale de l'émotion. Il permettait à la femme de dissimuler son visage lorsque l'embarras la surprenait en public, amenant sur son visage une rougeur qui n'eût pas manqué d'attirer les regards et de susciter des commentaires. L'éventail permettait de se donner une contenance… À cent cinquante ans de distance, le lecteur qui se plonge dans ces manuels de politesse éprouve une saisissante impression de coercition psychologique.

Le sociologue allemand Norbert Elias a montré que les règles de bienséance édictées au XIXᵉ siècle étaient l'aboutissement d'une mise à l'index des émotions commencée en Occident dès la fin du Moyen Âge. La ligne directrice de notre civilisation, explique-t-il dans *La Dynamique de l'Occident*, a été une répression implacable de l'affectivité, le code de la politesse constituant un rouage essentiel du dispositif de normalisation des comportements. Le type humain auquel a abouti ce travail séculaire de « civili-

1. Cf. notre ouvrage, *De la politesse. Essai sur la littérature du savoir-vivre*, Julliard, 1991.

sation des mœurs », pour reprendre la formule d'Elias, diffère donc profondément de son ancêtre du Moyen Âge. Elias montre que, au Moyen Âge, « les pulsions, les émotions s'exprimaient plus librement, plus ouvertement [1] ». La structure émotionnelle des individus était caractérisée par une grande spontanéité. La psyché médiévale était un mélange de « pitié intense, de peur de l'enfer, de sentiments de culpabilité, d'éclats de rire, de brusques accès de haine et de colère [...] avec des passages brusques d'un état d'âme à l'autre [2] ». La vie émotionnelle était haute en couleurs, spontanée, diverse, changeante, sans inhibition, comme le confirme l'historien Johan Huizinga dans *L'Automne du Moyen Âge* [3].

Dès lors, le mot d'ordre de libération émotionnelle qui se répand à notre époque prend tout son sens. On peut l'interpréter comme une insurrection contre un ordre pluriséculaire. En déclarant que l'émotion n'est pas quelque chose qu'il faut redouter, mais au contraire rechercher et cultiver, en proclamant qu'il ne faut ni craindre ni dissimuler ses émotions, l'homme actuel brise un tabou inscrit dans la culture occidentale depuis cinq siècles. Il met fin à toute une tradition de répression émotionnelle. Il fait un choix culturel révolutionnaire qui introduit une discontinuité dans l'histoire occidentale. La courbe de la répression des affects qui n'avait cessé de s'accentuer depuis la Renaissance atteint de nos jours un point de retournement pour amorcer

1. Norbert Elias, *La Civilisation des mœurs*, Calmann-Lévy, 1991, p. 291.
2. *Ibid.*
3. Payot, 1989. Cf. en particulier le chapitre I : « L'âpre saveur de la vie ».

son déclin. En mettant en cause les codes sociaux qui régentaient l'affectivité depuis un demi-millénaire, le culte de l'émotion inaugure une nouvelle ère de l'histoire de l'Occident.

### *Une libération sélective*

Cependant, le statut émancipatoire n'est pas accordé à toutes les émotions sans distinction. À regarder de près, il apparaît en effet que la libération des émotions à laquelle on assiste de nos jours est sélective. L'homme actuel privilégie certaines émotions et en prohibe d'autres, reconstituant ainsi, qu'il le veuille ou non, des normes de comportement.

Ainsi, dans les relations professionnelles et sociales, une exigence constante impose à l'individu de se montrer détendu, « sympa », « cool ». Cette règle de conduite fixe une limite à l'expression des émotions négatives. Il n'est guère admis, par exemple, de se montrer triste en public, comme l'atteste la disparition des signes extérieurs du deuil. Une autre émotion maintenue sous contrôle est la colère. Jacques Cosnier, qui est à la fois psychiatre et éthologue, rapporte les résultats d'une enquête européenne par questionnaire montrant que « l'émotion la moins contrôlée est la joie et la plus contrôlée la colère [1] ». Cette différence de traitement est révélatrice. Hormis dans le cadre d'une psychothérapie, nous ne tolérons pas que nos semblables laissent éclater leur colère. Ce refus s'explique, en premier lieu, par le fait que la colère altère les relations

1. *Psychologie des émotions et des sentiments*, Retz, 1994, p. 103.

humaines, chose tout à fait inadmissible à l'heure de la tertiarisation du travail, où se multiplient les relations de face à face. Dans leurs activités professionnelles, les individus sont en contact permanent les uns avec les autres pour accomplir des tâches de communication, concertation, coordination, négociation, et l'efficacité de ces tâches dépend pour une large part de la capacité à se montrer patients et aimables.

La colère est condamnée également en raison de son lien avec les valeurs militaires. On admettait autrefois qu'un grand capitaine, un homme de guerre entrent dans une fureur « homérique ». On n'est pas disposé à le tolérer dans une société pacifique et démocratique. Plus généralement, la colère n'est-elle pas machiste ? Soulignant la virilité, elle apparaît comme un moyen de l'affirmation masculine, ce qui la rend peu sympathique à une époque qui promeut les valeurs, plus féminines, de douceur et de tendresse. Enfin, la colère apparaît psychologiquement malsaine. Face à un individu qui s'emporte, on est toujours tenté de s'interroger : est-il bien dans sa peau ? Quel malêtre se cache derrière cette maladroite affirmation de soi ?

### *Le travail sur le corps, prélude au travail sur soi*

Venons-en à la deuxième étape de la libération émotionnelle. Il ne suffit pas de supprimer les contraintes extérieures, de lever les interdits sociaux. Pour devenir pleinement un homme émotionnel, il faut aussi accomplir un travail sur soi. Le culte de l'émotion mobilise à cet effet un arsenal d'outils empruntés à la psychothérapie, au développement personnel et aux techniques de bien-être.

Ce travail sur soi est, tout d'abord, un travail sur le corps. À cet égard, il ne faut pas se méprendre sur l'engouement de nos contemporains pour les activités corporelles. Certes, ces dernières répondent au besoin de se garder en bonne forme et de conserver la santé : le culte du corps s'explique, prioritairement, par le désir de ne pas vieillir. Mais ces activités sont aussi en rapport avec l'éducation de la sensibilité. Elles sont destinées à amener les individus à une « prise de conscience du ressenti corporel », comme disent les spécialistes du développement personnel, et, par là même, à une plus grande réceptivité aux émotions. Grâce aux exercices posturaux, à la gymnastique douce, au stretching, à la relaxation, on redécouvre son enveloppe charnelle. On apprend cette chose toute simple qui est de « sentir son corps ». On restaure ainsi sa capacité d'éprouver de l'émotion.

Il est caractéristique de voir que le travail corporel se limite souvent à de simples exercices sensoriels. Dans les cours de bien-être et de développement personnel, on accorde beaucoup d'importance à des activités aussi banales que « toucher », « sentir », « goûter ». Le centre Dürckheim, un des hauts lieux du développement personnel en France, propose des sessions consacrées au « travail sur les cinq sens ». Les participants réapprennent méthodiquement les actes élémentaires de la vie de relation, le lien primitif, le contact sensitif avec les choses et les êtres. Le programme de certains stages ressemble étonnamment à ce que les institutrices proposent aux enfants de classes maternelles : « découverte de l'eau en piscine chauffée », « jeux avec l'argile », « pétrissage de la pâte à modeler », « peinture avec les doigts ». Le principe sous-jacent est le suivant : réveiller les sens afin de réveiller la vie émotionnelle.

Les sens olfactifs et gustatifs sont particulièrement valorisés, en raison des liens privilégiés qu'ils entretiennent avec l'émotion. Ainsi, une méthode d'épanouissement telle que l'instinctothérapie prône le contact olfactif avec les aliments et recommande de les consommer crus. Car les odeurs et les saveurs sont de puissants vecteurs affectifs. Elles ont la propriété de faire resurgir des souvenirs chargés d'une émotion intense. Qui n'a fait l'expérience, au cours de sa vie adulte, d'un parfum de fleur, d'un arôme, d'une exhalaison, d'une senteur, d'un fumet, d'une odeur de cuisine, d'une odeur de vieille armoire ou de grenier poussiéreux qui, oubliés depuis longtemps, rappellent tout à coup un lointain passé, une personne aimée, un événement de notre enfance, dont la confuse évocation provoque un attendrissement nostalgique ?

Après les exercices corporels, les exercices de respiration. La respiration est considérée par les spécialistes du bien-être et du développement personnel comme un instrument privilégié de l'exploration du « ressenti ». La consigne que ces derniers adressent le plus fréquemment à leurs clients est de « respirer conscient ». Les participants sont invités à suivre mentalement le trajet de l'air circulant dans leur trachée, remplissant leurs poumons, poussant le diaphragme. Ne bombez pas le torse, insistent les thérapeutes : c'est le hara (l'abdomen, selon l'anatomie ésotérique japonaise) qui doit se gonfler... Dans *Le Centre de l'Être*, Carlfried von Dürckheim remarque que, après des millénaires d'oubli, l'homme occidental redécouvre les secrets de la respiration. Nous pourrions ajouter que, ce faisant, il redécouvre l'émotion, car cette dernière est étroitement liée à la respiration.

La respiration est une manifestation physiologique impliquée dans toute émotion, au même titre que la température de la peau, les réactions électriques superficielles, le rythme cardiaque, le tonus musculaire, les sécrétions endocriniennes. Elle est un révélateur, un sismographe enregistrant les moindres variations de la vie émotionnelle. La prise de conscience de la respiration constitue donc le B.A.-BA de ce que nous avons appelé, au chapitre précédent, le cogito émotionnel. Dis-moi comment tu respires, je te dirai l'état de ta vie affective...

### *Les psychothérapies et l'émotion*

Cependant, à son tour, le travail corporel ne suffit pas. Il va falloir aussi pénétrer au fond du psychisme afin de mettre au jour les résistances inconscientes qui font barrage à l'émotion. Il va falloir vaincre la peur des émotions, cesser de se défendre contre elles et prendre le risque de les vivre. Nous abordons ainsi le troisième acte de la libération émotionnelle, qui se joue dans le cadre des psychothérapies.

Il serait simplificateur de confondre tous les courants psychothérapeutiques dans une même espèce. De la psychanalyse à la thérapie cognitive, de la bioénergie à l'analyse existentielle, la diversité des démarches et des concepts est considérable. Cependant, dans ce concert à multiples voix, une thèse commune se dégage quant au problème de l'émotion. Au-delà de leurs divergences théoriques ou thérapeutiques, les praticiens partagent une même vision du devenir de la vie émotionnelle. Au point de départ, selon eux, il y a en chaque être humain un enfant possédant un bien inestimable : la capacité d'exprimer librement ses émotions. Cet enfant est tour à tour joyeux, triste, emporté, dégoûté, effrayé, surpris, et surtout il a l'insigne privilège d'exprimer spontanément tout ce qu'il ressent. Paraphrasant Rousseau, on pourrait écrire : « L'émotion est née libre [1]. »

« Les enfants sont nés innocents, sans inhibition ou culpabilité à propos de leurs sentiments », déclare Alexander Lowen [2], un disciple de Wilhelm Reich, créateur de la bioénergie. Ils connaissent, poursuit-il, « un état originel de félicité ». Mais, de même que dans la philosophie de Rousseau la liberté disparaît un jour pour faire place à la servitude, l'enfant est bientôt chassé du paradis de la spontanéité. *L'émotion est née libre, et partout elle est dans les fers*... Le devenir émotionnel du petit d'homme est placé sous le signe du malheur et de la dénaturation. Les émotions de l'enfant ne tardent pas à se heurter à des interdits. Elles sont immolées au principe d'autorité et à la morale. Un processus implacable de refoulement se met en place, de sorte qu'au lieu de s'épanouir le potentiel émotionnel s'atrophie. L'enfant découvre qu'il y a des émotions permises et d'autres qui ne le sont pas : « Un petit garçon ne pleure pas »... « Une gentille petite fille ne se met pas en colère »... « C'est laid de bouder »... « C'est mal d'être jaloux »... « On ne crie pas même si on est content »... Chaque famille nourrit ses propres préjugés en la matière, développant une véritable microculture émotionnelle. Ici, on apprécie la gaieté bruyante. Là, on ne tolère aucune manifestation de colère. Ou bien on n'a pas le droit d'être triste. Ailleurs, on s'empresse de donner quelque friandise à

1. « L'homme est né libre, et partout il est dans les fers », *Du contrat social*, l. I, chap. I.

2. *La Joie retrouvée*, Dangles, 1995, coll. « Psycho-soma », p. 61.

l'enfant qui a du chagrin, fabriquant ainsi un futur boulimique qui n'aura d'autre réflexe, quand il sera déprimé, que d'ouvrir son réfrigérateur.

Immanquablement, ces habitus finissent par être intériorisés. Ils s'enfouissent dans le psychisme comme autant de blocages, de résistances à l'émotion. L'enfant ravale ses larmes, contient sa colère, refrène sa joie. Pour conserver l'amour de ses parents, il renonce à des pans entiers de son affectivité. Il falsifie ses sentiments. Mais le refoulé n'est jamais anéanti. Les émotions sont toujours présentes, menant une vie souterraine. C'est ce que signifie le mot « inconscient » dans la doxa psychologique actuelle : « ensemble des émotions qu'on s'interdit d'exprimer et que, par suite, on ne peut même plus ressentir ».

Ce refoulement s'accompagne d'un fantasme : celui du contrôle absolu sur la vie intérieure. Un des rêves secrets que nourrissent les individus ayant refoulé leurs émotions est de parvenir à la totale maîtrise d'eux-mêmes. Encore une figure-repoussoir de la culture de l'émotion, à ranger au côté du sage stoïcien ! Le refoulement conduit à une scission avec soi-même, un clivage de la personnalité : le sujet refuse d'admettre qu'il éprouve des émotions. Non, se persuade-t-il, ce n'est pas moi qui ressens cela. Par ce désaveu, ce reniement de lui-même, il se dédouble. Arthur Janov décrit longuement, dans *Le Cri primal*, les sujets inhibés qui, coupés d'eux-mêmes, n'ont plus accès à leurs sentiments et ne sont plus en connexion avec le fond de leur être.

Le refoulement n'est évidemment pas une solution satisfaisante. Car, malgré notre désaveu, les émotions sont toujours là. Elles fermentent. Sous la couche protectrice des défenses psychiques, elles exercent une sourde et obsédante pression. Et c'est ainsi que, peu à peu, elles deviennent pathogènes. Le sujet est tourmenté par la peur de ressentir ses émotions. Il redoute d'être envahi, submergé. Il craint de se lâcher. L'un des enseignements les plus constants de la psychologie clinique, et qui est aussi un axiome du culte de l'émotion, énonce que la souffrance psychique ne provient pas des sentiments qu'on éprouve, mais de ceux qu'on s'efforce de refouler. Ce qui nuit à l'équilibre mental, ce n'est pas d'avoir telle émotion, mais de ne pas être capable de la ressentir. Ce qui ronge les hommes, ce ne sont pas les sentiments qu'ils éprouvent, mais ceux qu'ils refusent d'éprouver, parce qu'ils en ont honte ou qu'ils en ont peur. Arthur Janov condense cette philosophie de la liberté émotionnelle dans une formule-choc : « La maladie, c'est le reniement des sentiments ; le remède, c'est de les ressentir [1]. »

### *Thérapies verbales ou non verbales ?*

Le travail psychologique visant à rétablir la liberté émotionnelle consiste d'abord à prendre conscience du mécanisme de refoulement que nous venons de décrire. Il va s'agir ensuite de s'attaquer à ce refoulement, en défaisant le tissu serré des résistances. Pour donner une vue complète du culte de l'émotion, il nous faut maintenant aborder cette deuxième phase du travail sur soi. Quelles sont les méthodes proposées par les différentes psychothérapies ? Cette question ne présente pas uniquement un intérêt académique. Nous allons voir qu'elle nous donne aussi une précieuse indication sur l'orientation actuelle de la sensibilité.

1. *Le Cri primal*, *op. cit.*, p. 491.

Les méthodes psychothérapeutiques peuvent se ranger dans deux familles distinctes, selon que le travail proposé est verbal ou non verbal. Le premier groupe de démarches opère dans le cadre d'un échange verbal avec le thérapeute. À cet égard, la psychanalyse, les thérapies cognitives, les psychothérapies de soutien présentent, au-delà de leurs divergences, une indiscutable parenté. Elles évoluent toutes dans la sphère de la communication linguistique. Elles visent la restauration de la capacité émotionnelle grâce à une activité de verbalisation, au cours de laquelle le patient se raconte, analyse ses affects, évoque son passé. Traduisant en mots ce qu'il éprouve, il commente son existence. Il tente, avec l'aide des mots, de percer l'énigme de sa souffrance. Le cogito émotionnel est, ici, essentiellement verbal. La libération de l'émotion est maintenue dans les filets de la représentation linguistique.

Les méthodes du deuxième groupe suivent au contraire une voie non linguistique. Il s'agit des thérapies corporelles ou émotionnelles, appelées aussi « thérapies nouvelles ». Citons le cri primal d'Arthur Janov, le « rebirth » de Leonard Orr, la bioénergie d'Alexander Lowen, la *gestalt* thérapie de Fritz Perls, la végétothérapie de Wilhelm Reich. Leur point commun est d'inciter le patient non pas à commenter ou analyser ses émotions, mais à les éprouver avec un maximum d'intensité. Dans ces thérapies, il n'est plus question de parler de ses sentiments, mais de les vivre. Comme l'écrit le psychologue Edmond Marc qui leur a consacré un livre très documenté, elles « privilégient l'éprouvé sur l'expliqué [1] ».

1. *Le Guide pratique des nouvelles thérapies*, Retz, 1995, Introduction.

D'où la place que tiennent dans leur déroulement les cris, les mouvements, la gesticulation, le passage à l'acte, le psychodrame, les exercices vocaux, les larmes, les techniques respiratoires [1], souvent dans l'ambiance surchauffée d'un groupe de patients dont la présence agit comme un amplificateur. Le mot qui revient constamment dans le discours des thérapeutes utilisant ces démarches est le « déblocage ». Il s'agit, expliquent-ils, de débloquer les émotions. Le recours à cette métaphore mécanique souligne que la libération émotionnelle est envisagée dans ces thérapies comme un processus d'ordre non pas verbal, mais physique, énergétique.

Rendons-nous dans une séance de bioénergie. Nous pénétrons dans la cave d'un vieil immeuble parisien où plusieurs participants sont réunis sous la conduite d'un thérapeute. La porte d'accès est capitonnée, afin qu'aucun bruit ne filtre à l'extérieur. Sur le sol sont étendus des matelas sur lesquels des patients frappent énergiquement avec des bâtons. Couverts de sueur, le visage déformé par la colère, ils crient à perdre la voix, dans un état d'agitation extrême. L'assistance encourage leur véhémence. Le thérapeute conseille : « Lâche-toi »… « Va jusqu'au bout de tes sentiments »… « Exagère-les »… « Amplifie ce que tu ressens ». Le matelas n'est pas un objet neutre, mais un objet « transitionnel ». Il représente le parent, le partenaire ou quelque autre personne haïe, sur qui l'on déverse une rancœur accumulée depuis longtemps. La colère refoulée se

1. Au sujet des techniques respiratoires utilisées en rebirth et en bioénergie, Serge Ginger écrit ceci : « L'hyperventilation pulmonaire, en "saoulant" les zones corticales par hyperacidose, libère l'énergie sous-corticale, hypothalamique et limbique, et favorise l'émergence d'images et d'émotions », *La Gestalt, op. cit.*, p. 323, note 36.

répand en un torrent qui submerge le patient. La haine trouve enfin un exutoire ! Tel sujet nourrit de l'amertume envers sa mère. On ne lui demandera pas, comme sur le divan du psychanalyste, d'analyser son amertume. Il n'est pas question de se contenter d'expliquer son sentiment. Il s'agit de le revivre, en frappant sans retenue sur le matelas, lequel peut être remplacé, dans les séances de *gestalt* ou de végétothérapie (méthodes voisines de la bioénergie), par une poupée ou une chaise vide. Le but est de rejouer, avec le maximum d'intensité, les scènes de son enfance où, en butte à la répression, il fallait contenir ses émotions.

De temps en temps, il est vrai, la parole est utilisée au cours de ces séances, mais toujours sur le mode « direct », en s'adressant à ses parents, à son partenaire, *comme s'ils étaient présents*. À ce sujet, Arthur Janov souligne « la différence énorme entre le fait de parler de ses sentiments avec un médecin et de parler directement à ses parents comme on le fait en thérapie primale [1] ». La particularité des thérapies émotionnelles est qu'elles ne mettent pas en scène un moi parlant à un autre moi. Elles ne placent pas le sujet à distance de lui-même, protégé par le rempart de la verbalisation. Au lieu de recouvrir les sentiments par des paroles, il est demandé au patient de les ressentir. C'est, poursuit Arthur Janov, « réellement le petit enfant qui exprime ses vérités, et non pas l'adulte qui est en train d'expliquer tranquillement l'enfant qu'il a été ». Le patient n'est pas dans la représentation, mais dans la reviviscence.

Écoutons aussi le témoignage de Max Pagès, qui est à la fois psychologue clinicien et psychanalyste reichien.

1. *Le Cri primal*, *op. cit.*, p. 294.

Soulignant la différence entre le travail verbal de la psychanalyse (travail « analytique ») et le travail qui s'accomplit lors d'une psychothérapie émotionnelle, il écrit : « J'ai été frappé, au cours de mon expérience thérapeutique, de constater la différence entre l'expression du désir de mort au niveau des mots et au niveau de l'émotion [1]. » Et Max Pagès précise sa pensée, en deux phrases qui ne laissent aucun doute sur l'intensité du revécu lors de ces séances : « Prendre conscience au cours du travail analytique de sa haine pour sa mère et de son désir de la tuer est une chose. Rencontrer dans ses mains, en nouant un foulard, le désir d'étrangler, en est une autre »...

Du point de vue de la psychanalyse freudienne, ces débordements émotionnels seraient considérés comme des comportements régressifs, des passages à l'acte traduisant l'effondrement du système de défense du patient. Si un malade présentait ce genre d'hystérie lors d'une cure psychanalytique, on s'empresserait de reconstituer ce système au lieu de l'encourager à aller plus loin [2].

1. *Trace ou sens. Le système émotionnel*, Hommes et groupes, 1986, p. 164.

2. La psychanalyse freudienne n'admet l'émotion que dans le cadre du transfert liant le patient à son analyste. L'émotion est ainsi canalisée. Fait significatif, le mot « émotion » ne figure pas dans le *Vocabulaire de la psychanalyse* de Laplanche et Pontalis (PUF). La psychanalyse considère au fond l'émotion comme un phénomène secondaire. Elle lui préfère l'affect, qui désigne tantôt la satisfaction de la pulsion (auquel cas il n'intéresse plus le psychanalyste), soit le signe de la pulsion, ce qui aboutit à tirer l'émotion vers le psychique. Voir les mises au point de Max Pagès, *op. cit.*, p. 71, 77 et 107.

*Les nouvelles thérapies, symbole du culte de l'émotion*

Il n'entre pas dans notre propos de nous prononcer sur la valeur thérapeutique de ces différentes méthodes. Les démarches émotionnelles sont-elles plus efficaces que les démarches verbales ? Aux spécialistes de le dire. Nous n'avons pas non plus à prendre position sur la question des risques thérapeutiques soulevée par les détracteurs des thérapies nouvelles, qui font valoir que la décharge émotionnelle brutale entraîne un retour incontrôlé du refoulé, déstabilisateur pour le sujet. Le danger de ces méthodes, assurent-ils, est d'exhumer le matériel inconscient trop vite.

En revanche, du point de vue sociologique, il est intéressant d'observer la popularité de ces thérapies corporelles ou émotionnelles. La faveur dont elles jouissent auprès du public confirme notre hypothèse sur le retour de l'émotion. Les méthodes de libération qu'elles prônent correspondent parfaitement à l'idéal de l'homme émotionnel forgé par notre société. Leur climat de vivacité et d'effervescence ne peut que plaire à nos contemporains impatients de vibrer, toujours en quête de sensations extrêmes. Le culte de l'émotion culmine dans ces états paroxystiques, hystériformes, explosifs dont le paradigme est la transe chamanique. Tout incite, en effet, les patients, transportés dans un état d'hystérie convulsive, à se comporter en chamans, ces prêtres sorciers des sociétés archaïques qui pratiquent les techniques de la transe. Il n'est d'ailleurs pas indifférent à notre enquête sur le culte de l'émotion de remarquer l'intérêt que suscite actuellement le chamanisme. Les anthropologues et les sociologues multiplient les articles et les livres sur ce sujet. Le chamanisme fait la une des magazines de religion. Des stages de chamanisme sont proposés par les spécialistes du développement personnel. Le chamanisme séduit parce qu'il porte la vie émotionnelle à l'incandescence. Il concrétise le rêve d'une libération complète des affects.

Les thérapies nouvelles s'accordent aussi au culte actuel de l'émotion en raison du rôle qu'elles font jouer au corps. Le recours au corps est justifié, de leur point de vue, par l'idée que les émotions refoulées ne sont pas reléguées dans un inconscient psychique « immatériel ». Elles sont, affirment les partisans de ces thérapies, stockées, accumulées sous la forme de tensions corporelles. Ainsi, certaines raideurs du dos ou du visage, certains blocages de la cage thoracique seraient des manifestations somatiques du refoulement émotionnel. Comme le disait Wilhelm Reich, qui fut le premier à explorer cette voie clinique, l'émotion refoulée se condense en une sorte de « cuirasse musculaire ». Pour guérir le patient, il faut donc désincarcérer les émotions, les arracher à leur prison charnelle, en défaisant la cuirasse musculaire par le mouvement, le cri, le souffle, la transe. L'homme actuel ne peut qu'être attiré par de telles thérapies, qui conjuguent le retour à l'émotion et le retour au corps.

Enfin, les thérapies nouvelles satisfont le penchant anti-intellectualiste qui caractérise le culte de l'émotion. L'épanouissement personnel qu'elles préconisent ne consiste pas à dénouer patiemment l'énigme de soi par la voie discursive, mais à passer à l'acte. À l'effort d'explication verbale elles opposent la situation explosive de l'abréaction. À l'analyse de soi elles préfèrent la submersion par l'affectivité. En donnant ainsi congé à la parole rationnelle, ces thérapies ratifient l'orientation anti-intellectualiste du cogito émotionnel.

Qu'on nous permette d'ouvrir ici une parenthèse. Les réserves formulées par les partisans des thérapies émotionnelles à l'encontre de la parole sont, à certains égards, justifiées. Car la parole n'est pas toujours l'alliée de l'émotion. Elle est à double tranchant. Certes, par la parole, je peux me libérer de la répression affective dans la mesure où je *dis* mon émotion. Mais il y a aussi une forme insidieuse de répression de l'émotion *par* la parole. Les mots recouvrent parfois les états d'âme plus qu'ils les dévoilent. L'excès de langage émousse les sentiments. À trop parler, on risque d'occulter ce qu'on ressent. Nous connaissons ces personnes dont l'incessant bavardage étouffe la sensibilité. Plus elles parlent, moins elles sentent ! Donnons-en acte aux thérapies corporelles : la libération de l'émotion requiert parfois autre chose que la parole. Il faut aussi que le corps se mette de la partie.

### *La catharsis, d'hier à aujourd'hui*

Le processus de la libération émotionnelle décrit dans ce chapitre évoque la notion de catharsis. La catharsis se définit comme le soulagement qui survient après un état paroxystique de tension : après avoir éprouvé une émotion intense, l'individu se sent soulagé. Mais ce mot subit actuellement une mutation sémantique, révélatrice de l'orientation de notre sensibilité.

Chez les Anciens, la catharsis était destinée à purger les émotions. Il s'agissait d'offrir un exutoire aux affects afin de les expulser. On traitait donc l'émotion dans un esprit curatif. À cet égard, la tragédie grecque joua, on le sait, un rôle important. Dans sa *Poétique*, Aristote envisageait la tragédie comme un spectacle qui, « suscitant pitié et crainte, opère la purgation propre à pareilles émotions[1] ». L'émotion était perçue par les Anciens comme mauvaise. Elle était un « poison », une « humeur peccante », dont il fallait se purger. Le spectateur sortait d'une représentation de Sophocle ou d'Eschyle l'âme purifiée. Il pouvait alors redevenir un homme rationnel.

Racine est fidèle à cette conception de la catharsis, quand, en marge de son exemplaire de la *Poétique* d'Aristote, il note ceci : « La tragédie, excitant la terreur et la pitié, purge et tempère ces sortes de passions. C'est-à-dire qu'en excitant ces passions elle leur ôte ce qu'elles ont d'excessif et de vicieux et les ramène à un état de modération conforme à la raison[2]. » La catharsis avait donc pour vocation d'assurer la prééminence de l'homme raisonnable sur l'homme émotionnel. Même point de vue chez Corneille : la tragédie, lit-on dans sa préface de *Dom Sanche d'Aragon*, incite à « purger, modérer, rectifier et même déraciner en nous la passion[3] ».

De nos jours, le mot « catharsis » change de sens, car, contrairement aux Anciens, nos contemporains ne considèrent plus l'émotion comme un poison, mais comme une richesse. L'activité cathartique qui est menée dans les thérapies émotionnelles vise à permettre

1. *Poétique,* 1449 b 27.
2. Édition Mesnard, tome V, p. 477, cité in Anne Ancelin-Schützenberger, *Vocabulaire des techniques de groupe*, Éditions de l'Épi, 1971, p. 38.
3. *Ibid.*, p. 38.

aux émotions de se manifester non pas dans le dessein de se débarrasser d'elles, mais d'en jouir pleinement. Pour l'homme actuel, le besoin de sentir ses émotions l'emporte sur la nécessité de les refréner. La bioénergie, le cri primal, la *gestalt* sont des catharsis destinées non pas à expulser les émotions, mais à permettre d'aller aussi loin que possible dans le ressenti. L'idéal n'est plus l'homme rationnel purgé du poison affectif, mais l'homme jouissant de la plénitude de son potentiel émotionnel.

Arthur Janov, le fondateur de la thérapie primale, n'hésite pas à dire que même les émotions négatives, la colère, l'amertume, la jalousie, la tristesse sont « bonnes ». Nous voilà bien loin des conceptions traditionnelles sur l'« humeur peccante ». Rien de ce qui est éprouvé, pourvu que ce soit dans la lumière de l'authenticité, ne saurait être mauvais pour les hommes d'aujourd'hui. L'émotion n'est plus considérée comme un abcès qu'il faut vider, comme une pathologie qu'il faut guérir, car ce qui est pathologique, c'est justement d'empêcher son expression. L'émotion est une fin en elle-même, désirable parce qu'elle reflète notre identité profonde. Le culte de l'émotion fait donc triompher une nouvelle conception de la catharsis, qui se résume dans l'axiome suivant : « Le but n'est pas de *se* libérer de l'émotion, mais de *la* libérer. »

## Chapitre 5

# La nouvelle image de l'homme

La réhabilitation dont l'émotion fait l'objet découle, nous l'avons vu, de l'intérêt que l'individu actuel porte à son épanouissement. Le culte de l'émotion est la forme que revêt de nos jours le culte du moi.

Dans le présent chapitre, nous allons montrer que le contexte scientifique contribue, lui aussi, à mettre l'émotion en vedette. Une nouvelle anthropologie est en train de voir le jour, sous l'influence de la neurobiologie et de la psychologie. Cette anthropologie est, fondamentalement, non rationaliste. Elle donne une place de premier plan à l'affectivité, considérée comme un élément essentiel du comportement. Le culte de l'émotion n'est donc pas un simple effet de mode, une modalité du souci de soi, une péripétie dans l'histoire de nos mœurs : il est aussi une conséquence directe de l'évolution des idées scientifiques.

### *L'ancienne image de l'homme*

Que nous apprend la science au sujet de l'émotion ? Pour répondre à cette question, reportons-nous d'abord quelques dizaines d'années en arrière. Dans les années 50 et 60, la psychologie académique accordait une place insignifiante à l'émotion. « La psychologie que j'avais apprise, rapporte Daniel Goleman, ignorait tout ou presque du mécanisme des émotions [1]. » Quand la psychologie académique se penchait sur la vie émotionnelle, elle le faisait dans une optique réductrice. Elle jugeait l'émotion à l'aune de l'utilité. Elle l'évaluait d'après l'unique critère de l'action efficace. A-t-elle un rôle adaptatif ? demandaient les psychologues scientifiques, pour qui l'alternative était simple : ou bien l'émotion était un outil dans la lutte pour la vie, ou bien elle ne servait à rien. Dans le sillage de Charles Darwin [2], les biologistes, psychologues et théoriciens de l'évolution ne consentaient à sauver l'émotion qu'au nom du pragmatisme et de l'utilitarisme. Par exemple : un danger se présente, on est pris de peur, la circulation du sang s'accélère, un changement hormonal se produit, si bien que l'on dispose de plus d'énergie pour prendre la fuite. Dans ce cas, l'émotion a effectivement permis la survie de l'individu. Ou bien : vous êtes surpris par quelque chose que vous voyez pour la première fois ; instinctivement, vous écarquillez les yeux ; ainsi, vous pouvez mieux voir l'objet qui vous étonne. Ou encore : vous apercevez une matière répugnante ; elle provoque une réaction de dégoût qui vous fait aussitôt reculer, de sorte que vous évitez ce qui vous est nuisible.

Du point de vue de la théorie de l'évolution et de la psychologie, il fallait que l'émotion ait une finalité pratique, qu'elle assure la protection de l'individu, qu'elle

1. *L'Intelligence émotionnelle*, *op. cit.*, p. 8.

2. Cf. Charles Darwin, *L'Expression des émotions chez l'homme et les animaux*, éditions du CTHS, 1998.

adapte le comportement à la situation, faute de quoi elle n'avait pas de raison d'être. Les émotions n'avaient de sens au mieux que comme réactions vitales, comme avantages adaptatifs. Les spécialistes de l'évolution expliquaient que, au cours de la phylogenèse, les animaux et les hommes s'étaient progressivement dotés d'une capacité de réaction émotionnelle afin de se défendre dans le *struggle for life*. Et ils ajoutaient : aujourd'hui, les conditions de vie ont changé pour les êtres humains, de sorte que ce qui était avantageux autrefois est devenu un inconvénient. Dans la civilisation moderne, l'émotion n'a quasiment plus d'utilité. Elle ne constitue plus un atout dans la lutte pour la vie. Elle devient un facteur d'inadaptation, un handicap. Elle provoque des ratés dans l'action. Elle est une perturbation, un dysfonctionnement, une dégradation de la conduite. Pour la psychologie académique des années 50 et 60, l'émotion était synonyme de « désordre mental ». De façon révélatrice, un auteur comme Pierre Janet lui attribuait une action dissolvante. Il la caractérisait comme un « faux pas de l'esprit [1] ». L'émotion était considérée comme une excitation trop forte, un trop-plein, un surplus d'énergie qui, au lieu de s'organiser pour atteindre un but, au lieu d'être constructive, se dissipe stérilement à travers le corps dans des manifestations physiologiques, endocriniennes ou neuro-végétatives. Paul Fraisse, qui a formé des générations d'étudiants en psychologie, caractérisait

1. Cité in Claude Prévost, *La Psycho-philosophie de Pierre Janet*, Payot, 1973, p. 180.

l'émotion comme un « trouble de l'adaptation des conduites[1] ».

Cette ancienne image de l'homme se reflète dans les idées exprimées par Arthur Koestler en 1967 dans *Le Cheval dans la locomotive*[2]. Koestler était très influencé par les théories du neurobiologiste Mac Lean, qui envisageait l'encéphale humain comme un assemblage de trois structures, le paléocortex (ou système limbique), le mésocortex et le néocortex. Dans ce schéma tripartite, l'émotion avait sa place, selon Mac Lean, au niveau du paléocortex, tandis que le néocortex était le siège de la rationalité. Partant de cette théorie anatomique des trois cerveaux, Koestler interprétait l'évolution des Hominidés comme une tentative pour assurer le contrôle du paléocortex par le néocortex. L'acquisition de la station droite, rappelait-il, a favorisé le développement de l'encéphale humain, ce qui s'est traduit par l'apparition de structures néocorticales volumineuses. Le néocortex rationnel s'est édifié au-dessus de la base du paléocortex pulsionnel et émotionnel. Dans ces conditions, le problème que l'évolution a cherché à résoudre a été d'assurer le contrôle du paléocortex par le néocortex. Or ce problème, pensait Koestler, n'a pas reçu de solution satisfaisante. L'évolution humaine n'a pas atteint son but. La tentative de contrôle se solde par un échec. L'évolution laisse l'homme dans un état d'inachèvement, caractérisé par une mauvaise coordination du

1. Cf « Les Émotions », in P. Fraisse et J. Piaget, *Traité de psychologie expérimentale*, tome V, PUF. Cf. aussi, du même auteur, l'article « Émotion » de l'*Encyclopædia Universalis.*

2. Calmann-Lévy.

néocortex et du paléocortex. Tel était le verdict pessimiste de Koestler : la nature humaine, affirmait-il, présente un « vice de fabrication ». La partie supérieure du cerveau, siège de la raison, n'est pas parvenue à asseoir son pouvoir sur les niveaux inférieurs. Sous la fragile pellicule des conduites rationnelles, le magma affectif et pulsionnel bouillonne. Il y a en chacun de nous un « cheval » récalcitrant, imprévisible, prêt à ruer.

### *Quand la société rêvait de se débarrasser de l'émotion*

Cette interprétation de l'émotion comme une réalité dangereuse est caractéristique de l'ancienne image de l'homme. Pour comprendre la popularité dont elle a joui, il faut la replacer dans le contexte des années qui suivirent la Seconde Guerre mondiale. On avait alors, en effet, de multiples motifs de crainte face à l'émotion. Le souvenir des débordements des années 30 et du conflit mondial était présent à tous les esprits. Ces événements tragiques apparaissaient comme la manifestation d'un fonds émotionnel non maîtrisé. Arthur Koestler et ses contemporains avaient été les témoins des cérémonies de Nüremberg, où Hitler électrisait les foules. Ils revoyaient le peuple italien sur la Piazza Venezia acclamant le Duce. Ils connaissaient les enthousiasmes meurtriers déclenchés par le communisme. La cause de tout cela, expliquaient-ils, est la facilité avec laquelle l'émotion prend le contrôle du comportement humain. C'est notre « vice de fabrication » qui explique les errements de l'Histoire. Dès lors, la grande inquiétude de Koestler et de ses contemporains était que l'émotion resurgisse et engendre de nouveaux fanatismes, de nouvelles ferveurs destructrices.

Pour empêcher le retour de tels débordements, Koestler fit d'ailleurs une curieuse proposition. Il préconisa de recourir massivement aux neuroleptiques, qui venaient tout juste d'être découverts par la biochimie médicale. « Un dysfonctionnement biologique requiert un correctif biologique », déclare-t-il dans *Janus*[1]. Il serait souhaitable, poursuivait-il, d'administrer à *toute* la population des molécules apaisantes. On peut lire dans *Janus* des pages surprenantes où l'auteur déclare que la seule solution à nos désordres émotionnels collectifs est de modifier la nature humaine par le recours généralisé à la psychopharmacologie. Un remède qui eût été, à coup sûr, pire que le mal...

Au cours de la même période, l'opinion était, de surcroît, préoccupée par la guerre froide. L'éventualité d'une guerre atomique entre les deux grands posait le problème de l'émotion en termes alarmants. Un gigantesque arsenal nucléaire s'accumulait, mettant en péril la survie de l'humanité tout entière. Les scénarios de conflit entre Russes et Américains hantaient les esprits. Les hommes avaient le moyen de faire sauter dix fois, cinquante fois la planète, et ils étaient si peu maîtres d'eux-mêmes ! Un fossé s'était tout à coup creusé entre les moyens de destruction et la fragilité psychique d'*Homo sapiens*. Qui sait, se demandait-on, de quoi des dirigeants dominés par leurs émotions seront capables ? Le spectre qui rôdait alors dans l'imaginaire collectif

1. *Janus : A Summing Up*, Vintage Books, p. 102. Voir aussi *Le Cheval dans la locomotive*, *op. cit.*, p. 313 et suivantes.

était le chef d'État qui, perdant son sang-froid lors d'une crise internationale, appuierait sur le bouton de la guerre thermonucléaire.

Enfin, l'émotion était blâmée en raison de la révolution organisationnelle dans laquelle s'engageaient les sociétés avancées. On attendait beaucoup de la technocratie, de l'ingénierie sociale. Le grand rêve des années 50 et 60 était une société programmée, planifiée, rationalisée. La recherche opérationnelle battait son plein. Les techniques de planification, les méthodes contre-aléatoires, les outils de gestion et de management se multipliaient. La politique semblait appelée à disparaître au profit de l'administration scientifique. Le calcul économique devait régir la vie collective. La technocratie sonnait le glas des idéologies. Mais, dans le même temps, on s'apercevait que ce rêve se heurtait aux pulsions et aux passions des hommes. Le « facteur humain », comme on disait dans ces années-là, risquait de défaire la belle ordonnance de la société cybernétique. L'idéologie technocratique butait sur le paramètre humain, trop humain, de l'émotion, cette part maudite, ce bruit qui rompt l'harmonie de la symphonie organisationnelle. Avec ses aléas, ses divagations, ses éclats, ses accès, ses emballements, ses fureurs, la psyché humaine constituait le point faible du système. Mai 68 en fera l'éclatante démonstration.

Telles étaient les idées régnantes dans les années qui précédèrent l'éclosion du culte de l'émotion.

*L'avènement de l'anthropologie non rationalistique*

1973. Edgar Morin publie *Le Paradigme perdu : la nature humaine*. Un pavé dans la mare des sciences de l'homme. Cet ouvrage donne le coup d'envoi à une réhabilitation de l'affectivité. Il consacre du même coup son auteur comme un père fondateur du culte de l'émotion. L'argument d'Edgar Morin est simple. Il faut en finir, déclare-t-il, avec la conception étriquée de l'homme, avec « l'anthropologie rationalistique de l'*Homo sapiens* ». L'homme n'est pleinement *sapiens* que s'il est en même temps *demens*. Plutôt que d'adresser de plates louanges à la raison, tâchons de redonner sa place à l'instabilité affective, à l'intempérance des passions, à la démesure, à la déraison. Dans la nouvelle anthropologie proposée par Edgar Morin, le logos est déchu de son piédestal. Il ne constitue plus le bien suprême de l'homme, sa plus haute réalisation, orgueilleusement séparée des affects. Le logos, souligne Morin, n'a de valeur que s'il est « irrigué par les forces profondes de l'affectivité, les rêves, les angoisses, les désirs [1] ».

Hormis Georges Bataille et Roger Caillois, personne à l'époque moderne n'était allé aussi loin que l'auteur du *Paradigme perdu* dans la réhabilitation de l'ivresse, de la fureur, de l'orgiaque, de la rage, de la haine, de l'excès, du vertige, de la fête, des larmes, des convulsions, de l'extase. Morin est encouragé dans cette révision anthropologique par la révolution des idées qui se produit à la même époque dans les sciences. Car, au tournant des années 70, le climat épistémologique se modifie en pro-

1. *Le Paradigme perdu : la nature humaine*, Seuil, 1973, p. 145.

fondeur. Les sciences de la matière et de la vie tournent le dos au déterminisme. De nouveaux paradigmes émergent, fondés sur l'aléa, l'événement perturbateur, le bruit. Le hasard devient « organisateur ». Le chaos est revalorisé. L'erreur est reconnue comme féconde, comme l'atteste la théorie évolutionniste, bâtie sur l'idée de mutation, c'est-à-dire l'erreur de transcription du code génétique.

Lors d'une année sabbatique passée au Salk Institute de Californie, Edgar Morin s'est initié à cette nouvelle culture scientifique. Il s'empresse de l'appliquer à la science de l'homme, déclarant ainsi la guerre à l'anthropologie rationalistique. Son intuition est que l'affectivité est notre plus féconde erreur. Elle est une source de perturbation, certes, mais c'est cela, justement, qui la rend créatrice. Rien de grand ne se ferait sans émotions… Loin d'avoir handicapé *Homo sapiens*, souligne Morin, le désordre affectif a été au contraire un facteur de « prodigieux développements [1] ».

Il y a plus. L'émotion n'est pas seulement un atout pour l'homme. Elle est, plus profondément, constitutive de son identité, elle est consubstantielle à sa nature. Edgar Morin est frappé par le fait que, chez les êtres humains, les phénomènes émotionnels atteignent une intensité sans commune mesure avec ce qu'on observe dans le règne animal. Le potentiel émotionnel de l'homme surpasse de très loin celui de tous ses frères inférieurs. Il suffit, pour s'en persuader, de regarder un bébé qui rit ou qui pleure : ses états violents, convulsifs, spasmodiques, ses ruptures, ses secousses, ses explosions

1. *Ibid.*, p. 126.

de chagrin, ses déchaînements de gaieté n'ont aucun équivalent ailleurs. Le petit d'homme, écrit Morin, « exprime ce que l'enfant de nulle espèce vivante n'a exprimé avec une telle intensité : une faiblesse, une détresse inouïe dans ses braillements et un contentement incroyable dans le gigotement heureux de tous ses membres [1] ». Décidément, ce n'est pas la raison, mais l'émotion qui est le propre de l'homme.

### *« Les grandes pensées viennent du cœur [2] »*

Edgar Morin a ouvert la voie. Ses intuitions vont recevoir par la suite de multiples confirmations. D'abord à travers les travaux d'Antonio Damasio. L'idée fondamentale de Damasio, professeur de neurobiologie à l'université d'Iowa et au Salk Institute, est que la capacité de raisonner est ancrée dans notre être émotionnel. La raison et l'émotion ne sont pas antagonistes mais complémentaires, affirme Damasio. Ce qui perturbe les mécanismes cognitifs, ce n'est pas l'émotion, mais, paradoxalement, l'impossibilité d'en éprou-ver, comme le montrent les sujets atteints d'alexithymie ou de certaines lésions cérébrales.

L'émotion joue un rôle majeur dans l'élaboration des décisions rationnelles. Goleman résume ainsi le point de vue d'Antonio Damasio : « Si la violence des sentiments peut s'avérer catastrophique pour le raisonnement, leur méconnaissance peut être tout aussi désastreuse, surtout

1. *Ibid.*, p. 122.
2. Vauvenargues, *Réflexions et maximes*, CXXVII.

quand il s'agit de prendre des décisions dont peut dépendre notre avenir. Quel métier choisir ? Doit-on quitter un emploi sûr pour un autre moins stable mais plus intéressant ? Quel homme ou quelle femme fréquenter ou épouser ? Dans quelle région s'établir ? Quel appartement louer ou acheter… La raison seule ne peut fonder ces décisions ; elles exigent que l'on sente les choses "dans les tripes", et que l'on mette à profit cette sagesse des sentiments [1] ». En somme, le moteur de la raison a besoin de l'émotion. « La capacité d'exprimer et de ressentir des émotions est indispensable à la mise en œuvre des comportements rationnels », écrit Antonio Damasio [2]. Pour se comporter de façon raisonnable, il faut se mettre à l'écoute de son affectivité, et non pas tenter de s'en affranchir. « Personne n'est sujet à plus de faute que ceux qui n'agissent que par réflexion », disait déjà Vauvenargues [3].

Du côté des cognitivistes, on assiste aussi à une revalorisation du rôle de l'émotion. Les cognitivistes ont découvert que ce qui permet à l'homme de rivaliser avec les ordinateurs dans les situations de prise de décision est, entre autres, son émotivité. Ainsi, au cours d'une partie d'échecs homme-machine, l'ordinateur se borne à calculer, tandis que l'adversaire humain raisonne *et* ressent. Et c'est pourquoi il gagne. Par rapport aux logiciels les plus sophistiqués, l'être humain a l'avantage de réagir avec sa logique, mais aussi avec ses « tripes ». Il est significatif que les informaticiens cherchent actuellement

1. Daniel Goleman, *L'Intelligence émotionnelle*, *op. cit.*, p. 86.
2. *L'Erreur de Descartes, op. cit.*, p. 9.
3. *Réflexions et maximes*, CXXXI.

comment ils pourraient introduire un « paramètre affectif » dans les modèles d'intelligence artificielle.

Le paradigme de nos aînés était celui de la raison libérée des émotions. Le nouveau paradigme proposé par la neurobiologie et les sciences cognitives postule au contraire l'harmonie de la tête et du cœur. Le « tout cognitif » apparaît comme un rêve chimérique. L'intelligence, quelle petite chose à la surface de nous-mêmes ! L'émotion est un guide pour la pensée abstraite, logico-mathématique. On est d'autant plus *sapiens* qu'on est *sentiens*. Interrogez les penseurs, théoriciens, philosophes qui s'efforcent de faire « œuvre de raison » : ils vous confirmeront, s'ils sont sincères, que la pensée froide est stérile et que le travail intellectuel n'est fructueux qu'à la condition d'être animé par une vibration émotionnelle. Les constructions théoriques sont des architectures vides si elles ne sont pas habitées par la palpitation de l'imaginaire, la jubilation, l'enthousiasme. Au XIX^e^ siècle, on mettait un point d'honneur à suivre la raison. Qui sait si, au XXI^e^ siècle, on ne mettra pas la même ardeur à se laisser guider par l'émotion ? L'« émotionalisme » supplantera peut-être le positivisme.

### *L'émotion, fondement de la conscience de soi*

La réhabilitation de l'émotion serait parachevée si l'on pouvait démontrer qu'elle est à la racine même du processus permettant à l'être humain de dire « Je », c'est-à-dire d'accéder au statut de sujet. L'émotion serait alors promue au rang le plus élevé : elle serait reconnue non seulement comme un outil au service de la connaissance du monde et de la conduite rationnelle, mais comme le fondement même de la connaissance de soi. Par là même, elle pourrait prétendre être l'essence de notre humanité.

Tel est le problème auquel s'est attaqué Antonio Damasio dans *Le Sentiment même de soi*[1]. Comment l'être humain parvient-il à la conscience de soi ? demande-t-il. Quelle est l'origine du cogito ? Par quel processus parvenons-nous à dire « Je » ? Traditionnellement, la philosophie répond à cette question en disant : le cogito est une fonction supérieure de l'esprit ; le pouvoir de réflexion sur soi-même émane de la liberté et de la raison. Damasio s'inscrit en faux contre ce point de vue. Le cogito, explique-t-il, a une origine beaucoup plus modeste. Loin de manifester l'orgueilleuse indépendance d'une âme séparée du corps, il est engendré dans la sphère biologique. La conscience de soi procède, tout simplement, du corps. Toute la démonstration de Damasio repose sur le fait que, dans sa forme originaire, appelée « conscience-noyau », la conscience de soi est le reflet de ce qui se passe dans l'organisme, ou, pour reprendre les termes du neurobiologiste : la conscience de soi consiste en « l'histoire pré-linguistique » par laquelle le cerveau se raconte à lui-même les événements survenant dans le reste du corps, en particulier les images mentales et les émotions. Toute conscience est, à l'origine, conscience du corps. Elle est « la prise de conscience des relations corporelles, des modifications

1. *Le Sentiment même de soi. Corps, émotions, conscience*, Odile Jacob, 1999.

d'états corporels dans leurs relations avec les objets », et, au premier chef, « des émotions, qui sont un aspect majeur de ces modifications [1] ». Bref, le cogito est une « sécrétion » du corps ! Damasio appuie sa démonstration sur des preuves anatomiques. Il observe que les localisations cérébrales de la conscience-noyau et de l'émotion se confondent : « l'émotion et la conscience-noyau sont manifestement associées [...]. Certains des dispositifs neuronaux dont dépendent *et* l'émotion *et* la conscience-noyau sont situés dans la même région [2] ».

Ainsi, la théorie de la conscience élaborée par Antonio Damasio consacre la suprématie de l'émotion. L'émotion est désormais reconnue comme la base de la vie psychique, comme le socle même de notre humanité. Le cogito émotionnel n'est pas seulement une des formes que peut prendre la vie intérieure, un territoire parmi d'autres de la vie réflexive. Il est, bien plus, la condition *sine qua non* de tout cogito, c'est-à-dire de toute réflexion du sujet sur lui-même. L'acte par lequel l'homme, réfléchissant sur lui-même et prenant conscience de son identité, prononce le mot décisif « Je » – cet acte fondateur de son humanité est, dans son essence, émotionnel.

1. *Ibid.*, p. 37 à 40.
2. *Ibid.*, p. 128.

## Chapitre 6

# Les cathédrales émotionnelles

Jusqu'à présent, nous avons envisagé le culte de l'émotion sous l'angle du souci de soi. Nous l'avons interprété comme une manifestation de l'individualisme contemporain, comme le dernier avatar du narcissisme. Mais n'est-il que cela ? L'émotion est-elle seulement une expérience solitaire ? Évidemment non. Elle est aussi une occasion de partage avec autrui. Elle favorise la rencontre avec nos semblables.

L'objet du présent chapitre est d'étudier ce rôle communicationnel et social. Nous verrons que l'émotion participe du « souci d'autrui » et pas seulement du souci de soi. Elle est un facteur d'épanouissement de la relation interpersonnelle autant que de l'épanouissement individuel.

### *Le partage de l'émotion*

Peut-être vous êtes-vous déjà promené dans les rues de Paris le vendredi entre 22 heures et 1 heure du matin ? Alors, vous avez dû assister à un spectacle étonnant.

Depuis plusieurs mois, les pratiquants du roller se réunissent chaque semaine place d'Italie, pour une course de trois heures à travers la capitale. C'est une véritable transhumance humaine, une foule de vingt mille personnes qui, dans une ambiance bon enfant, glisse sur la chaussée, coulant dans les artères de la ville. De temps à autre, les « Rollers » (on les appelle ainsi) poussent des exclamations joyeuses. C'est le signe de reconnaissance de leur tribu. Ces adeptes de la glisse ne font pas la course. L'esprit de rivalité cède la place au plaisir de se mouvoir en toute liberté, de posséder la chaussée soustraite pour quelques heures à la circulation automobile, et surtout d'être ensemble dans l'ivresse d'une participation à la totalité humaine. Les Rollers sont heureux de faire masse, de se fondre dans une entité qui les dépasse, noyés dans l'océan humain. Un tel spectacle remet en question bien des idées reçues sur la prétendue société « atomisée » de notre temps. Il fait penser aussi au phénomène que les physiciens appellent le « frémissement ». Quand on chauffe de l'eau, elle se met à frémir juste avant d'atteindre son point d'ébullition. Ici aussi, d'une certaine manière, la psyché collective frémit.

De tels rassemblements se multiplient de nos jours. Tantôt les individus se réunissent devant des écrans géants installés sur les places publiques pour suivre en direct une compétition sportive, tantôt ils participent à un concert de rock ou à une commémoration. Musique, spiritualité, patrimoine, nostalgie, fête, tout est bon pour être ensemble. L'essentiel semble être de partager l'enthousiasme collectif, de faire chorus, de chavirer dans le tout, de dissoudre son ego dans la masse.

Ces rassemblements émotionnels se déclinent en chiffres impressionnants. Un million de personnes se pressaient aux Champs-Élysées et devant la tour Eiffel pour fêter le passage à l'an 2000. Deux millions de pèlerins se sont rendus à Rome pour les Journées mondiales de la jeunesse d'août 2000, répondant à l'invitation du pape Jean-Paul II. Vingt millions de curieux se sont déplacés le 11 août 1999 dans la zone d'observation de l'éclipse totale du soleil. Ils ont retenu leur souffle lorsque le soleil a été masqué quelques minutes par le disque de la lune et poussé une immense clameur quand il est réapparu.

Le 14 juillet 2000, une nappe longue de plusieurs centaines de kilomètres fut tendue dans toute la France, sur le méridien passant par Paris, dans trois cent trente-sept communes, pour un Incroyable Pique-Nique (tel était son nom), grande fête populaire de la convivialité. Non moins incroyable fut le concert offert par Johnny Halliday au Champ-de-Mars le 10 juin 2000. Cinq cent mille admirateurs de tous âges et de tous milieux acclamèrent leur idole, qui fêtait ses quarante ans de carrière. De tels faits parlent d'eux-mêmes. Ils attestent que nous avons besoin de vivre des émotions collectives.

Plus spectaculaires encore que ces manifestations préparées à l'avance sont les rassemblements spontanés qui se produisent à la faveur d'un événement imprévu. Périodiquement, un drame, une victoire sportive, un crime secouent la sensibilité collective. Ainsi, la mort de Lady Di et l'affaire Dutroux entraînèrent une large partie de la population dans une véritable mobilisation émotionnelle. On assista alors à des épanchements collectifs révélant l'hyperémotivité de l'opinion. La victoire des Bleus lors de la coupe du Monde de football puis à nouveau à l'Euro 2000 provoqua des attroupements gigantesques dans le cœur des villes. Obéissant à une impulsion grégaire, les téléspectateurs sortirent de chez eux après le coup de sifflet final et envahirent les grandes places des villes, laissant éclater leur joie. Ce fut, dans toute la France, un vrai délire collectif.

Ces rassemblements émotionnels ne sont-ils pas le signe qu'il y a dans notre société une énergie collective latente, flottante, prête à se libérer à l'occasion d'un événement quelconque, à se fixer sur n'importe quel objet ? Chacune des émotions de base, joie, admiration, pitié, douleur, enthousiasme, colère, etc., peut, en quelques heures, être mobilisée par l'onde de choc qui parcourt le corps social. Les foules ainsi formées semblent dire, à l'instar d'Alfred de Musset : « Qu'importe l'événement déclencheur, pourvu qu'on ait l'ivresse. » Au spectacle de ces engouements subits, de ces poussées de fièvre, de ces imprévisibles mouvements de la vie émotionnelle, l'observateur ressent parfois une inquiétude. Cette formidable énergie en réserve, se demande-t-il, cette affectivité errante, vagabonde, ne constituent-elles pas une menace pour la paix sociale ? Ne risque-t-on pas un jour de voir ce potentiel émotionnel se fixer sur un objet douteux ? Qui peut assurer qu'il n'allumera pas des passions destructrices ? Aujourd'hui, ce sont Lady Di, Johnny, l'Euro 2000, le roller. Mais demain ? Quelque nouveau fanatisme ? Une colère de masse ? L'ère de l'émotion pourrait bien être celle de tous les dangers.

*L'émotion au secours du lien social*

Quelles sont les causes de ces phénomènes émotionnels ? Pourquoi la sensibilité collective est-elle prompte à s'enflammer ? L'explication réside d'abord dans le besoin d'affermir le lien social. Car les individus ne se contentent pas de vivre l'appartenance au groupe sur un mode simplement formel, légal. Ils ne se satisfont pas d'un lien social conçu exclusivement en termes de réciprocité et de contrat. Ils ont besoin de ressentir la cohésion sociale dans les fibres de leur être. Il faut que leur âme puisse se dilater, se soulever, s'unir par une sorte d'identification à la communauté de leurs semblables. Qui n'a goûté au délicieux plaisir de chavirer dans la masse, d'être possédé par la fièvre de la foule, saisi par sa puissante énergie ?

Lors de la victoire des Bleus en juillet 2000, un commentateur jeta de l'eau froide sur la liesse populaire en déclarant dans les colonnes du *Figaro* : « La fête ne remplacera jamais le contrat social [1]. » Et s'il fallait les deux pour cimenter la société ? Nous avons besoin à la fois de citoyenneté et de ferveur, d'un cadre juridico-politique et d'une émotion partagée. Aux vertus civiques doit s'ajouter le sentiment d'adhésion à un groupe à haute densité affective. Ce sont ces deux éléments qui font tenir la société.

Une grand-mère de plus de soixante-quinze ans m'a révélé que, lors du Mondial de football en 1998, elle s'était rendue tous les jours au BHV de Parly-2 afin de suivre les matchs qui étaient diffusés sur grand écran.

1. Renaud Girard, *Le Figaro*, 8/9 juillet 2000.

Fait significatif, cette dame ne s'intéresse nullement au foot en temps ordinaire, et de toute façon elle dispose d'un téléviseur pour suivre les matchs tranquillement à la maison. Mais, à partir des huitièmes de finale, quand le suspens commença d'électriser le public, elle éprouva le besoin de vibrer à l'unisson des supporters massés devant les écrans géants. Le ballon rond n'était évidemment qu'un prétexte, une occasion de « faire société » sur le mode affectif, de se laisser inonder par l'enthousiasme collectif. Elle n'avait connu une telle atmosphère de joie, me confia-t-elle, que lors de la Libération de Paris, en août 1944.

La psychologue Christine Le Scanff a montré que le cerveau a besoin de vivre, périodiquement, des transformations de régime, des états modifiés de conscience [1]. L'utilisation de substances chimiques, les techniques de transe, l'absorption d'alcool s'expliquent, selon elle, par un besoin naturel, quasiment physiologique, de modifier périodiquement le régime de notre fonctionnement mental. N'en va-t-il pas de même du lien social ? À l'instar de la psyché individuelle, la psyché collective a besoin d'être transportée de temps à autre par un délire collectif, irriguée par une émotion violente, secouée par une onde de choc. De même que le cerveau individuel réclame des changements d'états de conscience, de même le lien social requiert l'ivresse périodique du fusionnel, la coagulation orgiaque des individualités. Les sociétés archaïques disposaient à cette fin de rites, de cérémonies, de fêtes sacrées. Mais, dans notre société froide et rationnelle, rien n'est prévu pour opérer ces

1. *La Conscience modifiée*, Payot, 1995.

changements d'état. Aussi se produisent-ils de façon anarchique. La sensibilité s'embrase spontanément. De la revendication identitaire à la musique rock, de la Gay Pride au marathon, tout est bon pour porter le lien social à l'incandescence.

Les mobilisations émotionnelles auxquelles nous assistons s'expliquent d'autant mieux si on les replace dans le contexte de crise de la cohésion sociale. Face à un lien social qui se délite, elles exercent une fonction réparatrice. Car les anciennes solidarités du travail, de la paroisse, du village, de la famille se décomposent. Les citoyens ne se reconnaissent plus dans l'État, qui a cessé d'être une entité fédératrice capable de sceller l'unité. Il n'y a plus de projet collectif mobilisateur, de croyance idéologique indiscutée, de religion capable de fédérer les hommes, encore moins de figure dynastique incarnant la cohésion nationale. Dans ces conditions, qu'est-ce qui reste pour assurer la permanence du lien social ? L'émotion, justement. L'émotion partagée est un instrument essentiel de reconstitution du lien social, un moyen privilégié de « faire nation ». C'est dans le brasier des émotions collectives que peut se refonder un monde commun. À cet égard, la double victoire des footballeurs français en 1998 et en 2000 a sans doute plus fait pour l'intégration des jeunes des banlieues que vingt ans de politique de la ville.

### *La sociabilité postmoderne*

Les grandes émotions collectives ont d'autant plus d'impact qu'elles réalisent un subtil dosage de l'esprit fusionnel et de l'esprit individualiste. Ce dosage répond tout à fait aux attentes contradictoires de l'homme contemporain. Observez les individus emportés dans le maelström collectif. Ils participent à l'ivresse générale, ils se laissent posséder par l'âme de la foule. Et aussitôt après, que font-ils ? Ils s'en retournent tranquillement chez eux. Une fois qu'ils ont vibré avec les autres, ils reprennent possession d'eux-mêmes. Ils ont donc savouré un lien social effervescent, mais ils n'en subissent aucun des inconvénients. Comment résister au charme de ces émotions collectives qui procurent ainsi une double satisfaction ?

Car, en dépit des regrets parfois convenus sur le dépérissement du lien social, l'homme actuel n'est pas prêt à consentir de grands sacrifices pour y porter remède. Il entend conserver les prérogatives de l'individualisme. Pour rien au monde il n'accepterait de revenir à la famille élargie d'autrefois, à la pression sociale étouffante que connurent nos ancêtres, à l'encadrement dans des corporations, au qu'en dira-t-on des villages, aux salons bourgeois étriqués. Il veut pouvoir se plonger de temps à autre dans une foule en délire, mais il n'entend pas pour autant abdiquer la totale souveraineté qu'il a conquise dans le domaine privé.

Telle est la séduction des émotions collectives : elles gratifient à la fois le besoin grégaire et le besoin individualiste. Elles procurent à nos contemporains les plaisirs d'un lien social affectivement dense, sans rien concéder à la pression du groupe. Elles proposent l'idéal d'une socialisation réversible, à géométrie variable, jouant à la fois sur le oui et le non. Oui à la fusion des egos, au sentiment chaleureux de l'appartenance. Non aux implications exigeantes et définitives. Ce double jeu sur le registre du fusionnel et de l'individualisme, sur l'émotion collective et le quant-à-soi, annonce la *sociabilité postmoderne*.

Il y a deux sortes de cathédrales. Les unes sont en pierre. Elles furent édifiées pour la plupart au Moyen Âge par des hommes et des femmes qui savaient d'expérience de quel poids la cohésion sociale pèse sur l'individualité. Dans ces cathédrales de pierre, le lien social était rassurant mais contraignant, dense mais terrible.

Les autres cathédrales sont virtuelles, tout en émotion. Elles s'édifient en un instant et s'écroulent aussi vite. Comme dans les jeux vidéo où l'action que l'on vient d'accomplir peut s'annuler aussitôt par un retour en arrière, ces cathédrales se défont avec la même aisance qui a permis de les construire. Elles sont pareilles aux hologrammes qui s'évanouissent dès que l'on interrompt le courant électrique.

Ces cathédrales émotionnelles n'engagent à rien. On y entre et on en sort à son gré. Elles concrétisent le rêve d'un lien social sans obligation ni sanction. Elles permettent de transcender l'individualisme, tout en restant indéfectiblement individualiste. C'est dans ces cathédrales éphémères que nous aimons nous retrouver désormais.

### *Retour à l'émotion et retour aux valeurs*

Rome, août 2000. Deux millions de jeunes venus de cent vingt-cinq pays se sont rassemblés pour répondre à l'invitation de Jean-Paul II. Les Journées mondiales de la jeunesse plongent la Ville éternelle dans une ambiance de fête. Une petite controverse va surgir dans la presse italienne lorsqu'un écrivain déclarera que cet événement n'a pas grand-chose à voir avec le religieux. Je ne vois, dira-t-il en substance, que des jeunes gens heureux d'être ensemble. Une fête sympathique, soit, mais d'élan vers la transcendance, point.

Il faut être atteint d'une certaine myopie (volontaire ?) pour occulter ainsi la dimension religieuse des JMJ. Mais cette polémique a tout de même son intérêt. Elle nous oblige à aller au-delà d'une interprétation exclusivement sociologisante des grandes émotions collectives. Celles-ci, en effet, ne s'expliquent pas seulement par le besoin de restaurer la cohésion sociale. Il y a autre chose en jeu. Les grandes émotions sont aussi l'occasion pour les individus de réaffirmer leur attachement aux valeurs morales et spirituelles. Au-delà de leur fonction psychosociologique, elles ont une portée axiologique.

Revisitons ces cathédrales émotionnelles. Il faut se boucher les oreilles pour ne pas entendre, en contrepoint de l'événement affectif, l'hymne aux valeurs qui s'en élève.

Ainsi, l'accident du pont de l'Alma a bouleversé l'opinion non pas seulement parce qu'il s'agissait de la mort tragique d'une princesse très médiatisée, mais aussi, et surtout, en raison des qualités humaines que, dans un élan unanime, on prêta à lady Diana. Par une sorte de béatification spontanée, la princesse de Galles fut parée de toutes les vertus. Elle devint un modèle de compassion. On fit d'elle une madone pleine d'humanité et de modestie, attentive aux humbles et aux déshérités, et, de surcroît, épouse malheureuse, tourmentée par une presse sans pitié, en butte aux tracasseries de Westminster. Les larmes versées pour elle furent à la fois l'expression de la sensiblerie populaire et un salut adressé aux vertus qu'elle incarnait [1].

Un autre événement révélant l'imbrication de l'émotionnel et de la morale fut la sortie du film *Titanic*. L'engouement suscité par ce film, qui a été vu en France par plus de dix millions de spectateurs [2], s'explique d'abord par le fait qu'il s'agissait d'un mélodrame mettant en scène une belle histoire d'amour sur fond de tragédie grandiose. La mort y côtoyait l'amour. Mais le film racontait aussi la lutte des deux amants contre les préjugés de classe ; il suscitait l'indignation du spectateur en rappelant l'inégal traitement dont les différentes catégories de passagers avaient fait l'objet lors du naufrage. Enfin, le film *Titanic* constituait une sorte de pieux hommage envers les victimes de la catastrophe de 1912. Significativement, lors de la remise de sa récompense officielle, le metteur en scène, James Cameron, demanda à l'assistance d'observer une minute de silence en mémoire des naufragés. Ce fait, unique dans les annales de la cérémonie des Oscars, souligne le sens moral d'une œuvre qui jouait par ailleurs si bien sur la corde de l'émotion. Comme dans le cas de lady Di, la dimension affective et l'attachement aux valeurs, l'épanchement de la sensibilité et l'idéalisme moral se mêlaient étroitement.

1. Cf. sur ce point les fines analyses de Foreseen, *La Soif d'émotion*, *op. cit.*

2. Au total, vingt-deux millions d'entrées, mais de nombreux spectateurs ont vu le film plusieurs fois.

Poursuivons notre visite. La Marche des Ballons blancs en Belgique constitua une profession de foi par laquelle toute une population, horrifiée par l'affaire Dutroux, affirmait son respect de l'enfance. Lors de l'éclipse d'août 1999, les foules étaient animées par le désir d'observer *de visu* un phénomène astronomique exceptionnel : mais, au-delà de la simple curiosité, l'événement a donné aussi à des millions de personnes l'occasion de réintégrer solennellement leur humanité dans la nature, de reconnaître leur dépendance par rapport aux forces de l'univers et de ressentir une sorte de gratitude mêlée d'humilité pour l'astre solaire à qui nous devons le maintien de la vie sur la Terre. Là encore, l'émotion collective servait de véhicule à des valeurs.

Il serait donc réducteur de voir dans les cathédrales émotionnelles un simple moyen de restaurer le lien social. Outre ce rôle sociologique, elles expriment le désir de sceller notre adhésion aux valeurs, de raffermir notre lien à l'éthique. Au motif de grégarité s'ajoute un motif de moralité. Si fugaces soient-ils, les grands rassemblements émotionnels indiquent le chemin de la compassion, de la pureté, de l'honneur, de la fidélité, de la pitié, de la justice. N'est-ce pas d'ailleurs ce que déclarait Descartes ? « L'utilité de toutes les passions, lit-on dans *Les Passions de l'âme*[1], ne consiste qu'en ce qu'elles fortifient et font durer en l'âme des pensées, lesquelles il est bon qu'elle conserve, et qui pourraient facilement, sans cela, en être effacées. »

1. *Les Passions de l'âme*, paragraphe 74, in Descartes, *Œuvres et lettres*, Bibliothèque de la Pléiade, p. 730.

*La fin d'un tabou ?*

Rien ne montre mieux ce rôle de conservatoire des valeurs que la Finale de l'Euro 2000. La victoire de la France a suscité une euphorie collective dont la portée fut à la fois sociologique et éthique. Sociologique, car elle contribua à renforcer le lien social. Éthique, car elle déclencha un puissant mouvement de retour aux valeurs. Fait révélateur, les commentaires publiés dans la presse au cours des jours suivants se situèrent sur le double registre de l'exultation et de la moralisation. La victoire sportive fut l'occasion d'aborder une question négligée en temps ordinaire : l'éducation morale et civique du peuple français. On vit revenir dans la presse et l'opinion des vertus que l'on croyait oubliées depuis longtemps. « Merci à l'équipe des Bleus », s'exclamèrent les éditorialistes au lendemain de la victoire du 2 juillet 2000. Merci pour les émotions que vous nous avez fait vivre, et surtout merci pour les leçons que vous nous donnez. Que de louanges n'a-t-on pas entendues sur cette équipe solidaire, courageuse, persévérante, qui ne renonce jamais, qui espère toujours ! Il n'y avait pas de mots assez forts, de formules assez dithyrambiques pour vanter l'ardeur, la vaillance, la modestie, la simplicité, la force du mental de nos champions. Le but égalisateur marqué par Sylvain Wiltord, deux minutes avant la fin de la deuxième mi-temps, fut salué comme la récompense de notre remarquable ténacité. Et, ajoutait-on, quel modèle de patriotisme, quel magnifique exemple pour l'intégration ! Cette équipe victorieuse est une France en miniature, généreuse, métissée, égalitaire. Elle nous apprend la vertu de l'effort. Elle nous initie à la « culture de la gagne ».

Imaginez un instant qu'un responsable politique exhorte ses concitoyens en ces termes : « Mes chers compatriotes, nous devons restaurer le sens de l'effort, du sacrifice, de la probité, de la loyauté. Seules ces vertus sauveront notre pays. » L'infortuné serait aussitôt dénoncé comme un représentant de l'ordre moral. Essayez, dans les milieux de l'Éducation nationale, de parler de persévérance, de discipline, de mérite. Appelez-en à la responsabilité individuelle. Suggérez que les situations d'échec sont parfois imputables à la paresse des élèves qui, au lieu de vagabonder dans les rues, feraient mieux de rentrer chez eux pour apprendre leurs leçons. Demandez aux collégiens et aux lycéens d'imiter les meilleurs d'entre eux, vantez les bienfaits de l'élitisme, prononcez les mots « excellence scolaire ». Quoi ! Il n'est pas permis de revendiquer cette morale exigeante ? Mais il a suffi d'une victoire de football pour en recouvrer le droit ! Excellence, brio, courage, effort, émulation, ces mots qui nous étranglent la gorge en temps ordinaire, nous avons pu les articuler au lendemain de la victoire de juillet 2000. Alors oui, merci les Bleus ! Et vivent les émotions, ces ambassadrices de la vertu !

*DEUXIÈME PARTIE*

# L'ÉMOTION DÉNATURÉE

# Chapitre 7

# Une boulimie de sensations fortes

Au cours des chapitres précédents, nous avons relevé de multiples indices dénotant chez nos contemporains un penchant pour les sensations fortes. Nous avons constaté à maintes reprises que les individus et les groupes aimaient tendre au maximum le ressort de la vie émotionnelle. Le moment est venu d'entreprendre l'étude systématique de ces indices et de nous demander s'ils ne trahissent pas en réalité une dégradation de la sensibilité. Faisons-nous toujours un bon usage de l'émotion ?

## *La tentation de l'excès*

Le langage de la vie quotidienne, qui est un fidèle miroir des mœurs, révèle une préférence pour les émotions fortes au détriment des émotions calmes. Il y a des époques qui apprécient la litote, cultivant les images délicates et précieuses. La nôtre fait plutôt dans le genre outrancier. Le lexique de la consommation, des loisirs, de l'information, de la publicité évoque la surtension affective, avec de permanents « coups de cœur », des « frissons garantis », des « décharges d'adrénaline ». « C'est du délire », s'exclame-t-on à tout propos. Ou bien on « hallucine ». Les allusions au débordement, au « fun » sont constantes. D'un adepte des paradis artificiels, on dira, à l'instar du magazine *Nova*, qu'il est « explosé par l'herbe [1] ». Les mots que nous utilisons dopent notre vie émotionnelle.

Tout est « flash ». Les émissions radiophoniques sont ponctuées de « flashs d'infos », les drogués sont en manque de flash, et l'éveil du désir est lui aussi une sorte de flash (on flashe pour un objet de consommation, pour un partenaire sexuel). Tout est convulsion. Les êtres et les choses sont dans « tous leurs états », formule qui fait florès, comme en témoignent ces titres d'articles ou d'exposition pris au hasard : « L'Europe dans tous ses états », « La Suisse dans tous ses états », « Le textile dans tous ses états », « Le vin de Bordeaux dans tous ses états », « La santé dans tous ses états », « Les anges dans tous leurs états », « La langue française dans tous ses états ». Tous et tout « s'éclatent ». Un grand hebdomadaire présentait récemment un dossier sur *La Recherche du temps perdu* sous ce titre évocateur : « Proust s'éclate ».

Ces choix lexicaux indiquent bien la pente de notre sensibilité. Nous avons tendance à délaisser les émotions contemplatives. Les affections désordonnées l'emportent sur le recueillement. Le poison de l'intempérance ronge notre intériorité. De même que la vie émotionnelle applique le principe de liberté (« Libérez vos

1. Mars 2000, p. 16.

émotions »), elle applique un principe d'intensité qui la porte au diapason maximal. « Toujours plus d'excitation, d'agitation, de fureur », tel est le mot d'ordre de notre époque.

Le culte de l'émotion est menacé par ses excès. Quelle peut être la stabilité psychique d'individus qui recherchent sans relâche des situations inductrices de sensations fortes ? Leur comportement est-il normal ou pathologique ? Que valent des émotions qu'on provoque de façon artificielle, qu'on instrumentalise, qu'on consomme voracement ? Nous avons précédemment rapproché la vie réflexive contemporaine de celle inaugurée par Rousseau dans les *Rêveries*. Mais, à vrai dire, la sensibilité survoltée d'aujourd'hui est assez peu comparable à la douce rêverie sentimentale au bord d'une eau calme qui enchantait l'auteur de la *Cinquième Promenade*. Contrairement à Jean-Jacques, l'homme actuel a besoin de fouetter sa subjectivité par des stimulants, ecstasy, états modifiés de conscience, conduites à risque, vitesse, sports acrobatiques, jeux vidéo palpitants, spectacles sensationnels, loisirs bruyants, aventures de l'extrême, violence, transe. Déréglé et incertain, le sentiment de soi requiert le stress et l'agitation pour se raffermir. L'individu se rassure sur son identité par des commotions qui le secouent, des impressions inédites qui l'étonnent, des activités hystériformes qui l'étourdissent. Ce qui n'empêche pas, dans le même temps, de vouloir rester « cool ». Cette ambivalence nous vaut, de la part du groupe rock des Rita Mitsouko, un disque dont le titre est l'oxymore le plus hardi de notre époque : *Cool Frénésie*.

On mesure ainsi les ambiguïtés du réveil de la sensibilité qui se produit de nos jours. En fin de compte, redevenons-nous vraiment des êtres sensibles, ou sommes-nous des hystériques livrés à leurs sensations ? « Le vice est dans l'excès et la vertu réside dans le juste milieu », disait Aristote. Une publicité de Paco Rabanne couvre de sa voix la sagesse du philosophe antique : « There is no life without excess » – il n'y a pas de vie sans excès –, en un slogan qui résume la dérive de notre vie émotionnelle.

*La solitude du chercheur de sensations*

La boulimie de sensations fortes entraîne non seulement une dégradation de la sensibilité personnelle, mais aussi une altération des relations interindividuelles. La véritable émotion implique, en effet, un partage avec autrui. Mais qu'advient-il lorsqu'elle se réduit à des sensations piquantes et artificielles ? Peut-elle encore remplir son office de communication ? Est-elle capable de servir de trait d'union entre les êtres ? L'addiction aux sensations fortes n'enferme-t-elle pas irrémédiablement dans la solitude ?

Une émotion authentique, pure, riche, se reconnaît au caractère suivant : même si l'on est seul au moment où on l'éprouve, on désire ardemment la partager. Autrui est virtuellement présent dans l'expérience affective que l'on savoure. Quand un être sensible est remué par un beau paysage, un tableau, une musique, un spectacle, il est effleuré par une pensée mélancolique : il regrette que ceux qu'ils aiment ne soient point là pour communier avec lui dans l'extase. Dans *L'Éducation sentimentale* de Flaubert, Frédéric nourrit une passion secrète pour l'inaccessible Mme Arnoux. Mais il vit toutes ses émotions dans un dialogue intérieur ininterrompu avec la femme aimée. Il n'y a pas une seule vibration de sa vie sentimentale qui n'ait de sens par rapport à elle.

La sensation forte, au contraire, est quelque chose que l'on garde pour soi. Elle est impropre à la communication. Le *sensation seeker* est, fondamentalement, narcissique. Il n'a pas besoin d'autrui pour réaliser son rêve de vie survoltée. Son flirt avec le danger, le vertige, la cruauté, la folie, la drogue, les grands espaces, l'extrême, la violence, relève de l'onanisme émotionnel. Les toxicomanes peuvent se réunir pour consommer la drogue, ils n'en sont pas moins emmurés dans la solitude. Lors des raves, les participants entrent dans des états de transe, décuplés par la trépidation musicale, les lumières, l'ecstasy, mais personne ne parle à son voisin. Les adeptes de la glisse, de l'acrobatie, du surf, du deltaplane n'ont, eux non plus, pas grand-chose à échanger. Certains d'entre eux se réfugient d'ailleurs dans ces activités parce qu'ils se sentent incapables de s'émouvoir avec leurs semblables. Les aventuriers de l'extrême sont exclusivement préoccupés par leurs exploits, et tous leurs émois se concentrent sur la ligne de crête de leur vie périlleuse et solitaire. Leur épopée est, en définitive, une affaire entre eux-mêmes et leur moi idéal, un dialogue interne dont les tiers sont exclus. Après-coup, ils retraceront leurs aventures dans des livres, des émissions de télévision ou de radio, mais ce qu'ils feront partager au public n'est, en définitive, que de l'émotion refroidie. L'essence de leur expérience, elle, est entièrement personnelle.

Il y a, à ce propos, un détail significatif. Une fois revenus de leurs équipées sensationnelles, mûris par le côtoiement de la mort et par la confrontation avec les limites de la condition humaine, beaucoup de ces aventuriers retrouvent leur assiette psychologique. Ils déclarent : « Maintenant, je veux m'occuper des autres, faire du bénévolat, avoir des enfants. » Tout se passe comme s'ils se réveillaient de leur rêve égotiste. Telle alpiniste envisage de s'occuper d'enfants malades après avoir gravi l'Éverest. Tel vainqueur de l'Atlantique se consacre maintenant à l'humanitaire. Cette ouverture aux autres *in fine* prouve que leur quête de sensations les avait temporairement éloignés d'autrui.

D'une manière générale, l'altération des relations humaines et la dégradation du partage émotionnel vont de pair. La seconde est le signe le plus clair de la première. Prenons l'exemple d'un homme et d'une femme qui ont une liaison sentimentale. Au commencement, leur relation amoureuse se manifeste par une communication intense. Les amants vivent un délicieux partage de l'émotion. Ils sont joyeux ensemble, ils s'attendrissent ensemble, ils rient à l'unisson, ils partagent leurs élans d'enthousiasme, ils échangent leurs impressions, ils se font des surprises, ils admirent les mêmes choses. Le secret de leur bonheur réside dans la capacité de se mettre au même diapason affectif, de communiquer sur le plan émotionnel. Mais le moment viendra peut-être où l'élan initial retombera. La routine et l'indifférence s'installeront dans leur relation. Dans la période précédant la rupture, il est possible que leur liaison se réduise à un simple échange de services sexuels. Alors, le partenaire ne sera plus quelqu'un avec qui on prend plaisir à partager une émotion. Il deviendra un simple instrument de divertissement sexuel, une banale source de sensations. La relation perdra alors sa valeur. Les spécialistes des phénomènes monétaires nous apprennent que, lorsque deux monnaies ont cours dans une économie, « la mauvaise monnaie chasse la bonne ». Il en va de même ici : la mauvaise émotion a chassé la bonne.

Récapitulons. Nous venons de découvrir les deux critères permettant de distinguer une émotion riche et une émotion pauvre. Une émotion s'appauvrit d'une part quand elle se réduit à de l'excitation, et d'autre part quand elle abolit la communication avec autrui. Or le danger qui menace la sensibilité d'aujourd'hui est précisément la dérive vers une émotion à la fois survoltée et déconnectée d'autrui, artificielle et egocentrée.

Il faut maintenant analyser de façon plus précise l'état de dégradation affective qui en résulte. La vie émotionnelle de l'homme contemporain est comparable à un patient sous perfusion à qui l'on injecterait des produits dopants qui, peu à peu, l'empoisonnent. Quels sont les produits qui dénaturent nos émotions ? Ils sont de quatre sortes.

### *La surstimulation*

Le premier est la surstimulation sensorielle. Notre sens de l'ouïe est constamment soumis à des excitations. Avez-vous constaté combien il est difficile, dans la ville moderne, de trouver refuge dans des lieux de silence ? Tout se passe comme si la société assurait un « service minimum du ressenti ». L'espace public est complètement sonorisé. Je ne parle pas du bruit de la circulation ni des engins mécaniques qui sont le lot de toute vie urbaine active, mais de la sonorisation délibérée, de l'acharnement à remplir l'espace symbolisé par la musique d'ambiance, la *muzzak*. La muzzak est la mise en condition de nos sens, l'assujettissement de toute une population à des rythmes, souvent pauvres, qui empiètent sur la vie intérieure. Entrez dans une grande surface : la muzzak vous assaille aussitôt. Faites-vous une halte dans un café, un restaurant, un fast-food ? Les mêmes sonorités compromettent votre tranquillité. Vous croyez échapper à l'obsédante trépidation en vous réfugiant dans le métro. Un instrument de percussion vous y accueillera peut-être, à moins que ce ne soient les bornes musicales que, dans sa sollicitude pour la clientèle, la RATP a installées sur les quais afin de rompre la monotonie des voyages. Tout est prévu pour que les sons nous tiennent compagnie.

Qui plus est, les musiques sont dures, haletantes, violentes. Les sonorités sont criardes. Le niveau des décibels délivrés par les sonos est de plus en plus élevé. La pulsation qui, dans la musique classique ou la chanson populaire, constitue le canevas rythmique sur lequel se développent des mélodies exprimant des sentiments – la pulsation se trouve désormais au premier plan sonore, sous forme d'une trépidation élémentaire éveillant non plus des sentiments, mais des sensations primitives. À titre d'exemple, voici les termes par lesquels le magazine *Nova* saluait en mars 2000 la sortie d'un CD : « Une techno brute, âpre, survoltée, cruellement binaire et redoutablement efficace sur le dance-floor. » Les individus emportent ces sonorités partout où ils vont grâce aux baladeurs. Dans les lieux publics, dans le métro, on voit certains d'entre eux, des écouteurs accrochés aux oreilles, secouer la tête convulsivement au rythme de cette musique. Enfermés dans une bulle sonore, ces jeunes gens sont absents au monde.

Le sens de la vue est pareillement livré à la surstimulation. Le cyberespace et le virtuel constituent une véritable corne d'abondance déversant des images inattendues, effrayantes, spectaculaires, psychédéliques. Les inventions de la cinématographie, l'écran parabolique, la stéréovision, la vision en 3D, les fauteuils mobiles sont autant d'amplificateurs de sensations. Pour ne rien perdre du spectacle générateur d'émotion, on fixe une caméra sur la poitrine d'un champion de ski dévalant la montagne, sur la coque d'un catamaran au milieu des vagues ou sur une formule 1 filant à 300 kilomètres à l'heure. À aucune période de l'histoire l'homme n'a été exposé à une aussi grande quantité de stimulants visuels.

Dans le prologue de *Henry V* de Shakespeare, le chœur s'adresse aux spectateurs pour solliciter leur imagination. La scène où va se dérouler la pièce, leur annonce-t-il, représentera tour à tour un château royal en Angleterre, la Manche, une armée nombreuse, puis le champ de bataille d'Azincourt. « Piece out our imperfections with your thoughts », demandait-il – Suppléez aux imperfections de la scène par vos propres pensées. Le décor du théâtre étant sommaire, il fallait recourir à l'imagerie intérieure.

Dans les spectacles modernes, le décor est époustouflant et par conséquent le travail de l'imagination est superflu. À quoi bon forger des images mentales, puisque tout est donné dans une débauche d'effets spéciaux, dans un étourdissant ballet d'images de synthèse et de sons électroniques ?

### *Le modèle du chaman*

Le chamanisme est le deuxième produit dopant que nous injectons à notre vie émotionnelle. Pour une partie de la jeunesse, la transe constitue un véritable mode de vie. La référence n'est plus le sage, le héros, le saint, mais le chaman, modèle d'une vie émotionnelle éruptive, débridée.

Un samedi soir ordinaire. Cent, trois cents, mille jeunes sont réunis dans une salle. Ils consomment des capsules d'ecstasy, puis dansent, gesticulent, hurlent. La sono est poussée au maximum, l'ambiance est réglée par des lumières laser cadencées au rythme des percussions. Fouettés par la drogue et la musique, ces jeunes se sentent habités par une puissance illimitée qui leur permet de danser une nuit entière. Ces réunions sont appelées des « raves ». On pourrait tout aussi bien les appeler transes chamaniques.

Qu'est-ce qu'un chaman ? C'est un prêtre sorcier des sociétés archaïques qui, lors de cérémonies sacrées, utilise la danse, le tambour, les drogues, ainsi que la présence du groupe tribal, pour entrer dans des états modifiés de conscience. Le parallélisme avec notre vie émotionnelle suractivée est saisissant. Les chamans absorbent des hallucinogènes qui leur procurent de puissantes expériences visuelles. N'avons-nous pas, nous aussi, nos drogues ? À défaut, nous obtenons l'équivalent de l'imagerie hallucinatoire par des décors sophistiqués, une scénographie psychédélique, une débauche de faisceaux laser qui tournoient et clignotent.

Le chaman crie, gesticule au son des tambours, soulevé par l'énergie du groupe. Ainsi font également les chanteurs de rock, entraînés par la batterie, portés par la foule vibrante de leurs fans, lesquels ne sont pas de simples spectateurs, car ils se contorsionnent et sont eux-mêmes en transe.

Le chaman exerce des pouvoirs surnaturels, notamment le voyage astral et la communication avec les esprits. N'en va-t-il pas de même du toxicomane emporté dans son « trip » ? Autre ressemblance : on ne sait jamais à l'avance ce qui peut se produire lors d'une transe chamanique. De même, les happenings imprévus sont le lot de maint concert rock. Enfin, le chaman est un guérisseur, un « medicine man ». Protéger, guérir ses semblables est le but de l'institution du chamanisme. Là encore, l'analogie avec nos mœurs est frappante. Car la jeunesse d'aujourd'hui, qui est éprise de transe, ressent également une vocation pour l'entraide, ce qui est d'ailleurs tout à son honneur. Elle a le goût à la fois de la vie survoltée et de la bienveillance. À l'image des chamans guérisseurs, elle rêve d'états modifiés de conscience et de fraternité. Elle aime la défonce et se déclare, en même temps, prête pour des tâches d'accompagnement.

Un des faits les plus curieux de notre temps est cette conjonction de la culture de la transe et de l'éthique du bénévolat. On veut « s'éclater » avec le rock, la techno, la glisse, la drogue, l'alcool, et, dans le même temps, on est plein de bonne volonté rousseauiste, impatient de participer à l'humanitaire. Fait révélateur, Woodstock fut à la fois une fête des sens (« dans tous leurs états ») et un hymne au Peace and Love.

Interrogez les adolescents sur la façon dont ils envisagent leur vie future. Il est significatif que beaucoup d'entre eux l'imaginent sous le double signe de la transe et de l'entraide. Ils rêvent d'une vie partagée entre la quête de sensations fortes et l'humanitaire, le fun et le bénévolat. L'un d'eux nous a confié qu'il voulait être moniteur de surf à mi-temps et, le reste de la semaine, s'occuper de soins palliatifs. Tel autre voudrait donner des concerts de rock et faire du soutien scolaire. Ces projets de double vie sont la version contemporaine du chamanisme.

### *La géographie détournée*

L'homme contemporain administre un troisième produit dopant à sa vie émotionnelle, la « géographie détournée ». Nous désignons par cette expression le fait de parcourir le monde dans le but d'en tirer un maximum de sensations. Heidegger rêvait, à la suite du poète Hölderlin, d'un homme « habitant le monde en poète ». Notre manière d'habiter le monde est différente. Nous nous y conduisons en insatiables chercheurs de sensations. Notre attitude n'est pas contemplative mais prédatrice, dévoratrice. Nous sommes des consommateurs à l'affût d'expériences émoustillantes, insolites, grandioses.

Ainsi, certains circuits touristiques dans le tiers monde incluent, telle une « cerise sur le gâteau », des étapes dans des lieux d'extrême misère, une chiffonnerie, une léproserie, une décharge où des enfants faméliques cherchent leur subsistance. À Rio de Janeiro, des excursions dans les favelas sont prévues par certains tour-opérateurs. Au Caire, tel voyagiste propose une visite du vieux cimetière où des enfants dorment dans des tombes. « Quel spectacle poignant », diront les clients, à la fois horrifiés et comblés. Et que dire du tourisme sexuel en Asie ou en Amérique latine ?

Les « héros de la vie intense » pratiquent eux aussi ce détournement géographique. Aventuriers des pôles, navigateurs solitaires, surfers, alpinistes, ils vont à la rencontre de leurs propres sensations bien plus qu'à la rencontre du monde. Il s'agit pour eux non pas tant de visiter la planète que de s'en servir pour faire vibrer leur fibre émotionnelle. Ce détournement de la géographie est favorisé par le matériel utilisé. Les uns parcourent la banquise sur les skis propulsés par une voile ou à bord de traîneaux tirés par des chiens, d'autres traversent l'Atlantique dans un simple bateau à rame, ou survolent les massifs montagneux en ailes delta, à moins qu'ils ne fassent le tour du globe en montgolfière. Absorbés dans leur effort, concentrés sur les appareils, captivés par la prouesse qu'ils accomplissent, ils glissent sur le monde. Mais le regardent-ils ?

Est-ce la nature qui intéresse ces aventuriers ou l'effet qu'elle produit sur eux ? En réalité, leurs voyages ne leur parlent pas du monde mais d'eux-mêmes. À la curiosité géographique se substitue une géographie subjectivée, une géographie du ressenti, aboutissant à une forme d'indifférence au monde qui n'est peut-être pas moins déplorable que sa « marchandisation » ou sa « réification » par l'argent.

Dans les aventures de l'extrême, le monde n'est plus qu'un gisement de sensations à consommer. Il se réduit à des spectacles inducteurs d'émotions fortes. La géographie détournée transforme la nature en un gigantesque stimulus. « Fais-moi vibrer », lui commandent les aventuriers de l'extrême, comme Faust s'adressant à Méphisto. Cette réduction à des stimulants, cette sommation à produire des sensations est un avatar de ce que Heidegger dénonçait sous le nom d'« arraisonnement par la technique ».

La tendance à l'instrumentalisation du monde est accentuée par le côtoiement de la mort. Comme on le sait, les aventuriers de l'extrême courent de grands risques. La moindre erreur peut leur coûter la vie. Dès lors, les sensations qu'ils éprouvent au contact des océans, des montagnes, des neiges éternelles, des pôles, de la haute atmosphère, des torrents encaissés sont pimentées par le flirt avec la mort. L'itinéraire géographique qu'ils suivent n'est qu'un prétexte pour goûter au breuvage excitant de la puissance et de la fragilité. De la puissance, car ces héros ont le privilège de ressentir l'euphorique communion avec les forces gigantesques de la mer, de l'atmosphère, de la pesanteur. Mais aussi de la fragilité, car leur vie est peu de chose dans cette immensité.

Jouant sur ces deux tableaux, les aventuriers découvrent ainsi leurs propres limites, ce qui a pour conséquence de stimuler leur désir d'exister. L'analyse psychologique de leurs motivations révèle que, bien souvent, ces aventuriers sont partis parce qu'ils avaient besoin du face-à-face avec la mort pour prendre conscience, une bonne fois, de leur finitude. Il fallait qu'ils rencontrent leurs limites, qu'ils échappent à la tyrannie du « tout est possible », qu'ils s'arrachent au rêve de toute-puissance dont la psyché contemporaine est hantée. « Enfin, se disent-ils au terme de leurs exploits, j'ai atteint la frontière où mon pouvoir s'arrête. Mon identité, délivrée de l'obsession de l'illimité, va pouvoir sortir des limbes de l'indétermination. » Ils peuvent dès lors arrêter leur course insensée : « Maintenant, je sais qui je suis ; je peux vivre. » La sensation de la mort a réveillé leur sensation de la vie. Les dangers qu'ils ont courus les ont ramenés au vouloir-vivre. Tout cela est respectable, bien sûr, mais démontre amplement que leurs aventures sont, par essence, narcissiques. Ces explorateurs n'ont exploré, en définitive, que leur ego.

### *La provocation perverse*

Venons-en au produit dopant le plus délétère pour notre sensibilité : la provocation perverse. Pour comprendre son mode d'action, un détour par la criminologie est nécessaire. Un criminel pervers affirme sa toute-puissance en violant, en tuant. Mais, avant d'accomplir son acte, il y a une jouissance qui compte beaucoup à ses yeux. C'est la volupté sauvage procurée par le choc émotionnel que ressent sa victime au moment où elle comprend qu'elle va être sacrifiée. Le criminel éprouve alors un immense plaisir à lire dans ses yeux l'expression de la surprise horrifiée.

On simplifie la psychologie des tueurs en série quand on se borne à dire qu'ils traitent leurs victimes comme des objets. Non, ils ne les « chosifient » pas. Ils ont besoin au contraire de jouir de toute l'humanité palpitante et vulnérable de leurs proies. Ils trouvent délicieux le spectacle donné par ces êtres frémissant comme des oiseaux apeurés. Le pervers tire un infini plaisir du tribut qu'il lève sur la sensibilité d'autrui. Disposant du cœur autant que du corps, il oblige autrui à ressentir ce qu'il veut. Et c'est pourquoi, notons-le au passage, une réaction calme et indifférente suffit parfois à le désarçonner.

Il y a quinze ans, un criminel cannibale défraya la presse d'outre-Rhin. Il attirait ses victimes à son domicile et les tuait avant de les manger. Un jeune homme, qui réussit miraculeusement à lui échapper, raconta comment les choses s'étaient passées. Au cours de la conversation, le déséquilibré avait tout à coup appuyé sa tête contre sa poitrine et murmuré avec douceur « Je sens battre ton cœur », ajoutant aussitôt ces paroles effrayantes : « Dans une heure, je le mangerai. » Le monstre savourait l'épouvante qu'il déclenchait. Il jouissait de sa toute-puissance, une toute-puissance vibrante de plaisir. Il était le maître des émotions.

Ce détour par la criminologie est utile pour comprendre ce qui se passe actuellement dans notre société. Car notre culture récréative fonctionne de la même manière que les criminels pervers. Comme ces derniers, elle agresse notre sensibilité. Bien des films, fictions, jeux vidéo, BD opèrent sur le mode de la provocation perverse. Nous sommes leurs otages émotionnels. Quel spectateur n'a déjà fait l'expérience suivante, particulièrement choquante lorsqu'il est accompagné d'enfants : il est devant son récepteur de télévision ou au cinéma, et tout à coup survient une scène dérangeante, un acte impudique, un viol, un massacre horrible. À l'instar du psychopathe pervers, le réalisateur des images a pris son public par surprise. Il le tient en son pouvoir.

Voici en quels termes *Télé Z* annonçait un téléfilm français de la série « Vertiges » diffusé le 23 février 2000 : « En prélude, un instantané d'une sauvagerie inouïe propre à retourner les amateurs endurcis d'horreurs cinématographiques. » Le commentateur précisait : « On se croit quitte. Erreur ! » Il n'y aura pas de répit pour le spectateur. De même que la victime d'un *serial killer* doit boire jusqu'à la lie la coupe de l'horreur, de même la fiction ne fera pas de quartier. *Télé Z* salue ce jusqu'au-boutisme : « Experte en grands frissons glacés et débâcles d'hémoglobine, la collection "Vertiges" réussit son pari : impressionner. »

Le paradigme de la provocation perverse qui sous-tend les fictions joue à plein lorsque l'effet de surprise provient d'un personnage jusque-là normal et rassurant, mais qui se révèle être, de façon inattendue, un dangereux psychopathe, un pédophile, un tueur. Dans ce cas, la provocation perverse n'est pas seulement une métaphore pour décrire un procédé scénique. Elle constitue le contenu même de la fiction. Le malaise qui s'empare du spectateur est le même que celui qu'il éprouverait en présence d'un véritable pervers. Qu'on nous permette une question : quand des réalisateurs créent ces inquiétants personnages, qui rassurent le spectateur avant de dévoiler leurs macabres intentions, ne jouent-ils pas avec leur public, sous couvert de distraction, le même jeu pervers que les psychopathes ? Ne se conduisent-ils pas eux-mêmes d'une façon perverse ?

Ce n'est pas tout. Le *serial killer* a besoin de constater l'émotion qu'il provoque. Son pouvoir discrétionnaire sur la sensibilité d'autrui s'accompagne du plaisir de voir l'angoisse sur le visage des victimes. Or la culture récréative traite son public de la même manière. Elle recueille avidement les signaux attestant l'impact émotionnel qu'elle produit. Dans le cas des jeux vidéo, des BD, des films, ces signaux sont constitués par les chiffres des ventes ou des entrées dans les salles. Dans le cas de la télévision, la réponse émotionnelle sera appréciée par l'Audimat. À l'instar de l'électromètre détectant l'émotion à travers la résistance électrique de la peau, l'audience télévisuelle mesure l'ébranlement affectif, le remuement psychologique du public. Quand les chiffres sont bons, les responsables des programmes peuvent se féliciter : oui, se disent-ils, nous sommes vraiment les maîtres des émotions.

# Chapitre 8

# Émotion-choc et émotion-contemplation

Notre vie émotionnelle se dégrade sous l'influence du traitement, à la fois dopant et nocif, qui lui est administré. La surstimulation sensorielle, la transe chamanique, la géographie détournée et la provocation perverse sont les quatre figures de notre dégénérescence, les quatre produits qui, lentement mais sûrement, tuent la sensibilité. Il faut maintenant affiner l'analyse en introduisant une distinction entre deux types d'émotion. Il y a en effet deux polarités bien différenciées dans la vie émotionnelle.

## *Le soupir et le cri*

Observons un individu qui s'amuse dans les montagnes russes d'une fête foraine ou bien avec une console d'ordinateur. Son comportement a quelque chose de haletant. L'émotion qu'il éprouve lui arrache, de temps à autre, une exclamation qui ressemble à un cri. Considérons au contraire une personne qui est absorbée dans l'écoute d'un concerto ou dans la contemplation d'un paysage. S'il lui arrive d'extérioriser son émotion, c'est non pas en poussant un cri, mais en exhalant un soupir. Ces deux personnes s'émeuvent, mais de façon différente. L'émotion de la première ressemble à une décharge brusque. L'autre type d'émotion exprime un état intérieur amorti, langoureux, lyrique. Dans le premier cas, l'émotion est une explosion, dans le second une effusion. Ces deux types d'émotion s'opposent comme la commotion et le recueillement, comme la sensation forte et l'attitude contemplative.

Quand on enregistre les variations physiologiques qui les accompagnent, on obtient respectivement une courbe en forme de pic et une courbe d'allure ondulatoire. Antonio Damasio a souligné cette différence de profil temporel : « Les émotions ont divers profils temporels, constate-t-il dans *Le Sentiment même de soi*. Certaines ont tendance à faire intervenir un schéma de type "éclat". Elles passent par un démarrage relativement rapide, un pic d'intensité et un déclin rapide [...]. D'autres émotions ont un schéma de type "ondulatoire" [1]. »

Ces deux types d'émotion traduisent des rapports différents au temps. La première s'inscrit dans l'instant. Elle éclate dans une sorte de fulguration. Son régime est la succession rapide, la variété. Impatient de jouir de nouvelles vibrations, le sujet oublie aussitôt celles qu'il vient de ressentir, dans l'attente de celles qui vont survenir. La deuxième forme d'émotion s'inscrit au contraire dans la durée. Elle est plus élaborée que la première. Le sujet qui l'éprouve laisse à l'événement affectif le temps de s'approfondir et de se développer. Il facilite

1. *Le Sentiment même de soi*, *op. cit.*, p. 337.

ainsi la transformation de son émotion en un sentiment. C'est pourquoi nous appellerons « émotion-choc » l'émotion du premier type, par opposition à l'émotion du deuxième type, que nous appellerons « émotion-sentiment » ou « émotion-contemplation [1] ».

Dans l'émotion-choc, l'état affectif n'a pas assez de temps pour se diversifier et mûrir. Tout est, en quelque sorte, donné d'un coup. La capacité émotionnelle est assouvie avant de s'être métabolisée en sentiment. Au contraire, l'émotion-sentiment se savoure longuement. Sa jouissance s'étale dans la durée. On pourrait lui appliquer les termes par lesquels, dans *La Nouvelle Héloïse*, Saint-Preux exprimait son amour pour Julie : « Je savourais à longs traits le délicieux sentiment qui me faisait vivre [2]. »

Il y a une différence de valeur entre ces deux formes d'émotion. L'émotion-sentiment apparaît plus riche que l'émotion-choc. C'est ce qu'exprime encore Rousseau quand, dans une lettre de Saint-Preux, il oppose la « langueur » (l'émotion-sentiment) et la « turbulence » (l'émotion-choc) : « Ô langueur d'une âme attendrie ! Combien vous surpassez les turbulents plaisirs et la gaieté folâtre, et la joie emportée, et tous les transports [...] ! Paisible et pure jouissance qui n'a rien d'égal dans la volupté des sens [...] [3] ! »

1. La distinction entre l'émotion-sentiment et l'émotion-choc nous a été suggérée par les travaux de Pierre Janet, cf. Claude Prévost, *La Psychophilosophie de Pierre Janet*, *op. cit.*, p. 194. Elle correspond à la distinction que fait Antonio Damasio entre l'émotion-éclat et l'émotion-ondulation.

2. *Julie ou la Nouvelle Héloïse*, cinquième partie, lettre IX, p. 602.

3. *Julie ou la Nouvelle Héloïse*, p. 90.

*Action et contemplation*

Dans l'émotion-choc, le rapport au monde est orienté vers l'action. Ainsi, il est caractéristique que la peur, la surprise, la colère (émotions-choc typiques) accompagnent ou déclenchent l'action. L'émotion-choc est conforme à l'impératif d'adaptation, à la vocation de survie qui fut celle de l'émotion au cours de l'évolution. Elle est utile par sa capacité de déclencher une réaction rapide, notamment pour éviter un danger. C'est à elle que s'applique la définition proposée au XIX$^{e}$ siècle par Théodule Ribot : « L'émotion représente la réaction du sujet pour tout ce qui touche à la conservation de l'individu ou de l'espèce[1]. » L'émotion-choc nous permet de réagir avant même que l'on ait eu le temps d'analyser la situation. Pensons à la promptitude des réactions dans les moments de surprise, de peur, de dégoût. La description fonctionnelle de la zone cérébrale appelée amygdale met en lumière cette réactivité de l'émotion-choc : « L'amygdale, écrit Daniel Goleman, est d'une efficacité redoutable face à une situation dangereuse, lorsque le néo-cortex n'a pas encore eu le temps de comprendre ce qui se passe. La voie rapide qui relie la vue et l'ouïe à l'amygdale en passant par le thalamus joue un rôle primordial : elle permet d'agir lorsqu'une réaction instantanée est nécessaire[2]. » Au cours de l'évolution, la valeur de survie de l'émotion-choc a donc dû être considérable[3].

1. Cité in Daniel-Rops, *Notre inquiétude*, Perrin, 1927, p. 43.
2. *L'Intelligence émotionnelle*, *op. cit.*, p. 45.
3. Étant rapide et sommaire, le circuit de l'amygdale peut nous conduire aussi à surréagir. En court-circuitant le néo-cortex et l'analyse de la situation, l'émotion-choc risque de donner l'alarme trop vite. Pensons à certains réflexes injustifiés de colère ou de panique.

Au contraire de l'émotion-choc qui est au service de l'action, l'émotion-sentiment s'épanouit si l'on se place en face du monde dans une attitude contemplative. C'est pourquoi, dans la suite de ce livre, nous utiliserons indifféremment les deux dénominations, émotion-sentiment ou émotion-contemplation. Cette forme d'émotion implique une présence au monde caractérisée par la disponibilité. Alors que l'émotion-choc aide à survivre dans le monde, l'émotion-contemplation permet de jouir de la saveur du monde. La première est l'instrument du corps agissant, la seconde est liée au cœur réceptif.

*La métabolisation dans l'intériorité*

Ces deux émotions se distinguent également par les rapports qu'elles entretiennent avec la vie intérieure. Elles apportent des contributions inégales à l'enrichissement du moi, à la culture de l'âme. Le propre de l'émotion-choc est de rester à la surface de la personnalité, comme une agitation instantanée, sans suite, retombant aussitôt après avoir atteint un pic paroxystique. L'émotion-choc constitue l'agrément d'une vie frénétique, trépidante, excitante, mais en définitive peu profonde. Le propre de l'émotion-sentiment est, au contraire, de se déposer dans l'intériorité à la manière d'une alluvion. L'émotion-sentiment constitue une porte d'entrée dans la profondeur du moi. Elle est une source de richesse car elle se métabolise dans la vie intérieure. Alors que l'émotion-choc reste un ébranlement superficiel, l'émotion-sentiment transforme la personne en enrichissant son âme. On pourrait dire d'elle ce que Rousseau disait du sentiment à l'état pur : « Le sentiment entre dans le cœur[1]. » L'émotion-sentiment se réfracte dans l'intériorité. Elle s'intègre à la réflexion sur soi, au commentaire intime du sujet sur lui-même. En se sédimentant dans le courant de conscience, elle favorise la « conversation avec soi-même ». L'émotion-sentiment est le gage d'une vie attentive, tandis que l'émotion-choc nous maintient dans une vie distraite. La première nous unifie, la seconde nous disperse.

Enfin, ces deux formes d'émotion se distinguent du point de vue de la mémoire. Longtemps après son apparition, l'émotion-sentiment reste disponible sur le mode d'une évocation qui est de même nature que la tonalité d'origine. Si l'émotion initiale a été positive, il en sera de même du souvenir par lequel elle se conserve. Le plaisir renaît à chaque évocation, comme un acquis durable, dont rien ne peut nous déposséder. Ainsi, en repassant devant ses yeux le souvenir d'une belle promenade, d'un tableau, d'une musique, d'un moment passé avec un être aimé, on éprouve un plaisir de même nature, quoiqu'un peu atténué, qu'à l'origine. Nous avons recueilli à ce sujet le témoignage de personnes douées d'une sensibilité riche : Sophie, qui raconte avec flamme les voyages qu'elle fait à Venise chaque année ; Anne, qui reste sous le charme d'un concert de piano auquel elle assista il y a longtemps ; Marie, qui, quinze ans après, se souvient encore d'une séance d'ikebana, l'art floral bouddhique pratiqué au Japon ; elle revit avec

1. *Julie ou la Nouvelle Héloïse*, première partie, lettre XLVIII, p. 108.

intensité les heures passées dans la contemplation des fleurs d'un jardin et le soin presque religieux avec lequel elle en avait fait un bouquet.

À l'inverse, l'émotion-choc laisse le souvenir, quelque peu amer, d'un plaisir sans lendemain. Son retentissement à long terme est, souvent, une impression opposée à celle que le sujet ressentait à l'origine. Sur le coup, ce dernier avait éprouvé une commotion intense, une vibration voluptueuse, mais en définitive celle-ci n'a pas agrandi son âme. Caractéristique à cet égard est l'expérience rapportée par Pascal qui, dans un reportage télévisé [1], retraça de façon bouleversante son parcours dans la toxicomanie. Cet homme de cinquante ans avait découvert par hasard le crack quelques années auparavant. Le crack lui avait procuré, confia-t-il au journaliste, des « plaisirs d'une intensité incomparable ». C'est d'ailleurs cette jouissance inouïe qui, pour son malheur, le rendit dépendant dès la première prise. Or, de façon révélatrice, Pascal n'éprouvait aucun plaisir à évoquer ces moments d'extrême plaisir. Les flashs émotionnels pour lesquels il avait dépensé des sommes exorbitantes lui apparaissaient, rétrospectivement, comme des expériences vides. Il n'en restait absolument rien. Bien que, dans le témoignage qu'il livra devant la caméra, il ait utilisé à plusieurs reprises le mot « plaisir » pour qualifier les émotions-chocs qu'il avait vécues durant ces années, le souvenir qu'il en conservait ne lui procurait, à l'évidence, aucun plaisir. Il ne produisait que regret et dégoût. Cette inversion de la tonalité affective est caractéristique de l'émotion-choc.

1. Diffusé sur La Cinquième le 14 mars 2000.

Telle est la typologie qui découpe en deux territoires distincts le champ de la vie émotionnelle.

*L'inversion de la « formule émotionnelle »*

Nous pouvons maintenant préciser le diagnostic sur la sensibilité contemporaine. Notre vie affective souffre d'un déséquilibre dû à un excès d'émotions-chocs et à un déficit d'émotions-contemplation. Dans le champ des émotions, l'individu contemporain a tendance à sélectionner celles qui lui procurent un maximum d'excitation. Il préfère l'émotion-choc, qui est de l'ordre du cri, à l'émotion-contemplation, qui est de l'ordre du soupir. À l'instar de la pathologie caractérisée par une inversion de la formule globulaire du sang, sa vie affective présente une inversion de la « formule émotionnelle ». L'homme actuel s'intéresse plus aux émotions de type explosif qu'aux sentiments, qui ont un caractère amorti et durable. Il accorde plus de prix à la décharge affective qu'à l'expression lyrique, à la transe qu'à l'extase, à l'adrénaline qu'à l'admiration. Il recherche avidement les occasions de commotion, de déchaînement hystérique. Sa vie affective est faite de mouvement et non de recueillement, d'action et non de contemplation. Elle se déroule comme une série d'impacts, au lieu de se déployer sous la forme tranquille d'une disponibilité face au monde. L'ondulation psychologique qui se métabolise dans la conscience, qui enrichit de ses alluvions le cours de la vie intérieure, et qui a, ainsi, le temps de se transformer en sentiment, ce type d'émotion exerce sur lui moins d'attrait que l'assouvissement instantané et convulsif.

Le réveil de la sensibilité qui se produit en ce début de XXI$^{e}$ siècle aboutit donc à une situation contradictoire. L'émotion-choc s'avère être un piège, car elle n'est qu'un faux ami de la sensibilité. Sa valorisation excessive entraîne le délaissement du sentiment. La vie émotionnelle actuelle est un mélange d'anesthésie et de dopage, de survoltage et d'indigence. Les impacts répétés émoussent la sensibilité. L'individu est dans un état d'agitation permanente. Il s'émeut beaucoup, mais ne sait plus sentir. Il est à la fois surexcité et insensible.

## Chapitre 9

# Surexcité et pourtant insensible

La préférence pour l'émotion-choc que nous avons diagnostiquée est la racine du mal qui ronge la psyché contemporaine. Elle constitue le principal facteur de notre pathologie collective. Elle entraîne une série de déséquilibres formant un véritable « syndrome de perte de la sensibilité ». Déroulons ce tableau clinique.

Le premier trait est le manque d'attention. La psychiatrie révèle la fréquence de plus en plus élevée chez les enfants et les adolescents d'un comportement caractérisé par « le trouble déficitaire de l'attention avec hyperactivité [1] ». Ces sujets présentent une impulsivité non contrôlée, une surexcitation associée à une difficulté à fixer leur attention. En raison de notre préférence pour l'émotion-choc et de notre incapacité à entrer dans le calme des sentiments, nous sommes tous concernés par cette description clinique.

Le deuxième trait pathologique est la prédominance des émotions négatives dans la psyché collective. Beaucoup d'émotions-chocs sont, en effet, de l'ordre du

1. Cf. la classification nosographique internationale DSM IV.

négatif : la peur, le dégoût, la colère. Dès lors, le primat de l'émotion-choc sur l'émotion-contemplation favorise ce qui est laid, repoussant, horrible, effrayant, pervers. Cultiver l'émotion-choc, c'est le plus souvent cultiver le négatif. D'où la surreprésentation des scènes violentes dans la culture récréative : les statistiques indiquent qu'un adolescent qui a regardé la télévision depuis son plus jeune âge à raison de trois heures par jour (ce qui correspond à une durée « normale ») aura assisté à 40 000 meurtres et 3 000 agressions sexuelles. Le régime de l'émotion-choc nous immole aux images du mal.

## De l'*Homo sentiens* à l'*Homo artifex*

Le troisième aspect de la crise de la sensibilité est l'oubli du naturel. L'émotion-choc va de pair avec l'artificialisme. Elle se prépare, se provoque, s'arrache au forceps à l'aide de stimulants, de situations excitantes, de mises en scène spectaculaires, de rayons laser, d'écrans, de bruit, de technique. Avec elle, *Homo sentiens* devient *Homo artifex*. L'émotion-contemplation se contente du regard d'un enfant, du bruissement du vent dans les arbres, du chant d'un oiseau, du clapotement d'une rivière, d'un poème, d'un tableau. Mais pour l'amateur de sensations fortes, ces objets sont sans attrait. Le ballet télévisuel, les images de synthèse, les jeux vidéo, les grands spectacles, les fêtes frénétiques, les loisirs bruyants, la musique trépidante, les délires collectifs, les sports à risque, les états de transe assèchent sa capacité de s'émouvoir pour des choses simples. Intoxiquée par les sensations fortes, son âme devient indisponible pour la beauté du monde. Elle ne peut plus palpiter, frissonner devant ce qui est naturel. Elle ressemble aux terres subsahariennes, qui sont périodiquement inondées par des crues dévastatrices et qui, pourtant, manquent d'eau : submergé par les émotions-chocs, l'homme manque de l'eau précieuse que constitue l'émotion-contemplation.

Dans un tableau de Gainsborough, on voit deux enfants jouant au bord de l'eau. L'un tient une canne à pêche, tandis que l'autre s'amuse avec un petit bateau qu'il a taillé dans le bois. Dans la joie qu'ils éprouvaient, le naturel avait autant de part que l'artificiel. Aujourd'hui, les ordinateurs sont les maîtres des distractions enfantines. La vie émotionnelle est instrumentalisée. La sensibilité devient technodépendante.

Il s'instaure d'ailleurs entre l'émotion-choc et la technique un cercle vicieux qu'il faut souligner. Plus la société se technicise, plus nous avons tendance à lui demander de nous procurer des émotions-chocs. Cela mérite explication. Au premier abord, les technologies nouvelles apparaissent comme les ennemis de la vie émotionnelle. Leur développement engendre un sentiment d'aliénation. L'électronique et l'informatique donnent naissance à une technosphère dans laquelle la représentation des choses se substitue aux choses elles-mêmes. Entouré d'artefacts, l'homme a l'impression de vivre dans un monde abstrait et inauthentique. Il craint, par suite, que ce monde artificiel n'appauvrisse son humanité. C'est pourquoi il se hâte de faire de ce monde technique un usage *ludique*, où les images numériques, l'infographie, le virtuel, les lunettes en 3D, les hologrammes opèrent comme autant de déclencheurs d'émotions. Ainsi, l'homme conjure le danger, il dissipe son inquiétude : « Ces inventions techniques ne sauraient être aliénantes, se rassure-t-il, puisqu'elles sont capables de me faire vibrer… Ce monde pénétré de rationalité n'est pas déshumanisant, puisqu'il éveille en moi ce qu'il y a de primitivement humain, la peur, l'angoisse, la joie, la colère… »

La préférence pour l'émotion-choc se traduit, en quatrième lieu, par un appauvrissement de la vie intérieure. Qu'est-ce qui fait la richesse d'une vie intérieure ? C'est la sédimentation des émotions éprouvées lors des moments où l'on consent à se placer en face du monde dans une attitude de réceptivité. La vie intérieure est nourrie par la disponibilité contemplative. Les personnes qui « dégagent de l'intériorité » doivent leur trésor intérieur aux impressions reçues de l'extérieur. Pour l'une, ce sera un sentiment d'extase éprouvé devant un tableau ; pour l'autre, l'admiration ressentie devant un paysage, une joie partagée avec un enfant, une conversation avec un être aimé, un moment de recueillement au cours d'une cérémonie religieuse. Le moi profond n'est pas riche par on ne sait quelle propriété d'essence, mais par les émotions qui se sont déposées en lui, par les actes de contemplation fervente qui l'ont ravitaillé. La vie intérieure se forme par l'accumulation des souvenirs d'instants où l'on a donné accueil au monde. Elle est la sédimentation, la condensation méditative de ces instants privilégiés, dont le prolongement dans la mémoire constitue la subjectivité.

Mais qu'advient-il lorsque la vie émotionnelle se réduit à une succession d'émotions-chocs ? Elle cesse de se métaboliser dans la conscience profonde, et celle-ci s'appauvrit d'autant. La vie intérieure s'asphyxie, entraînant un tarissement de l'imagination. Un professeur de français m'a rapporté qu'il avait donné à ses élèves de troisième le sujet de rédaction suivant : « Imaginez la vie au temps de Molière ». Las ! les copies qu'il récolta étaient remplies de malfaiteurs et de policiers, de braquages de banques et de tirs meurtriers, comme dans un vulgaire téléfilm.

### *Le nouveau mal du siècle*

Rien ne montre mieux l'état de délabrement de notre subjectivité qu'une comparaison avec le type romantique incarné par Chateaubriand. Chateaubriand a décrit sous les traits de René la surabondance de vie intérieure dont il était animé. Il partageait sa prodigieuse capacité de rêverie avec un grand nombre de ses contemporains. On pourrait dire de l'âme de Chateaubriand qu'elle était « débordante ». Elle débordait, en effet, la réalité quotidienne. « Mon imagination allumée, lit-on dans les *Mémoires d'outre-tombe*, se propageant sur tous les objets, ne trouvait nulle part ailleurs assez de nourriture et aurait dévoré la terre et le ciel[1]. » Face à ce trop-plein de sensibilité, la réalité extérieure faisait pâle figure. Pour Chateaubriand (ainsi que pour Musset ou Lamartine), le monde était bien moins riche que les songes des hommes.

C'est ce décalage entre l'immensité intime et la réalité, cette disproportion entre la fermentation de l'âme et la médiocrité extérieure que les romantiques appelèrent le *vague des passions*. « L'imagination est riche, abondante et merveilleuse, résumait Chateaubriand,

1. *Mémoires d'outre-tombe*, Le Livre de Poche, tome I, p. 126.

l'existence sèche et désenchantée. On habite, avec un cœur plein, un monde vide[1]. » Aussi pouvait-on se passer de stimulants artificiels. L'âme romantique n'avait pas besoin d'être fouettée par des émotions-chocs. Elle s'embrasait d'elle-même. Le vent, le bruissement des arbres, les nuages courant dans le ciel, le parfum des fleurs, la silhouette d'une femme suffisaient pour provoquer l'essor de l'imagination. « Qu'il fallait peu de choses à ma rêverie ! », s'exclame René.

De nos jours, la situation est inversée. L'imagination est appauvrie, tandis que le monde extérieur brille de mille couleurs. Le ballet des images, le déferlement des sons électroniques, les rayons laser, les loisirs bruyants sont plus chatoyants que nos songes. Les distractions organisées suppléent au déficit de la subjectivité. Des impacts stimulent en permanence les sens, des sensations fortes dopent la sensibilité. Pour les romantiques, l'intériorité était riche et le monde ennuyeux. Aujourd'hui, l'intériorité est asséchée et le monde enchanté. *On habite, avec un cœur vide, un monde plein*… Le culte de l'émotion-choc remplace l'excès de sensibilité par la sensibilité des excès. C'est le nouveau mal du siècle.

## *De l'homme romantique à l'homme énergique*

La préférence pour l'émotion-choc entraîne la disparition de la mélancolie romantique au profit du consumérisme énergique. Cela s'explique par la différence de profil temporel entre les deux formes d'émotions. L'émotion-contemplation, on l'a vu, s'inscrit dans la durée, ce qui

1. *René*, préface, collection Folio, p. 270.

favorise sa transformation en sentiment. Elle s'intègre dans le courant de conscience, lequel se déverse, à la manière d'un filet continu, vers l'arrière, en direction du passé. En entrant dans le cœur, en pénétrant dans la vie intérieure, l'émotion-contemplation se métabolise donc en souvenir. Ce faisant, elle se colore d'une teinte de nostalgie ; elle est associée à l'idée d'une fuite du temps. C'est pourquoi le XVIII^e^ et le XIX^e^ siècles, qui exaltèrent l'émotion-sentiment, furent aussi la période du vague à l'âme. De Rousseau à Lamartine, de Musset à Baudelaire, la mélancolie constitua la tonalité dominante de la sensibilité. On prenait le temps d'évoquer et de revivre les sentiments passés, mais le « sentir » était indexé sur l'irréversibilité. La célèbre promenade sur le lac de Saint-Preux et de Julie, plusieurs années après leur liaison passionnée, est une parfaite illustration de ce romantisme mélancolique :

> « Le chant assez gai des bécassines, écrit Saint-Preux, me retraçant les plaisirs d'un autre âge, au lieu de m'égayer, m'attristait. Peu à peu, je sentis augmenter la mélancolie dont j'étais accablé. [...] Je commençais par me rappeler une promenade semblable faite autrefois avec elle [Julie] durant le charme de nos premières amours. Tous les sentiments délicieux qui remplissaient alors mon âme s'y retracèrent pour l'affliger. Tous les événements de notre jeunesse, nos études, nos entretiens, nos lettres, nos rendez-vous, nos plaisirs, ces foules de petits objets qui m'offraient l'image de mon bonheur passé, tout revenait, pour augmenter ma misère présente, prendre place en mon souvenir. C'en est fait, disais-je en moi-même ; ces temps, ces temps heureux ne sont plus ; ils ont disparu pour jamais [1]. »

1. *Julie ou la Nouvelle Héloïse*, quatrième partie, lettre XVII, p. 503.

Il serait exagéré de dire que les hommes d'aujourd'hui ne peuvent plus connaître des états affectifs comparables à celui qui est décrit dans ces lignes. Mais la mélancolie méditative n'est pas, à l'évidence, la tonalité dominante de notre sensibilité. Le type du romantique nostalgique incarné par Saint-Preux, qui a fasciné des générations, ne constitue plus un modèle pour nos contemporains. Il cède la place au *sensation-seeker*, dont la principale qualité est l'énergie. Voici pourquoi.

Le culte de l'émotion-choc valorise l'instant. Il fait de la vie affective une addition d'expériences fortes, accumulées sur le mode du zapping. Dès lors, le souci de l'individu n'est plus d'octroyer du temps à l'émotion pour lui permettre de se métaboliser en sentiment, mais de collectionner la plus grande quantité possible de « moments forts ». À l'esprit romantique qui cultive pieusement les souvenirs et rumine le passé s'oppose l'attente fébrile de sensations neuves. Le rapport même au temps change. La vie émotionnelle n'est plus tournée vers le passé mais vers le futur, dans une quête impatiente d'impressions susceptibles de réveiller notre sensibilité engourdie, de secouer notre torpeur d'hommes blasés. À la mélancolie qui s'incline vers le passé s'oppose l'avidité consommatoire qui projette sans cesse vers le futur – un futur d'autant plus désirable qu'il dessine un horizon illimité d'expériences excitantes. L'homme actuel est toujours en avance d'une stimulation.

Or, quelle qualité est requise pour tenir le rythme de cette consommation ? Quelles ressources faut-il posséder pour butiner sans relâche dans le champ des sensations fortes, pour absorber ces impacts répétés ? Il faut, avant tout, de l'énergie. Seul un homme au « top » de sa forme peut surfer sur la vague épuisante des émotions-chocs. La condition *sine qua non* pour se comporter en *sensation-seeker* est la vitalité. Au romantique mélancolique qui s'abandonne au vague à l'âme, notre psyché collective substitue donc le modèle de l'homme énergique. Ce n'est pas un hasard si le thème de l'énergie occupe une place centrale dans les activités de bien-être et de développement personnel. « Libérez l'énergie qui est en vous », répètent les thérapeutes et les spécialistes de l'épanouissement. Cet appel à la vitalité découle directement de la préférence pour l'émotion-choc. Alors que Rousseau se contentait du sentiment alangui de sa dolente existence, notre époque a pour idéal un Don Juan de l'émotion, puisant dans son potentiel énergétique les forces qui lui permettront de dévorer le monde.

### *L'art, entre la transcendance et le crash-test*

La préférence pour l'émotion-choc affecte également la vie artistique. L'art moderne est gagné par la frénésie émotionnelle. La valeur esthétique d'une œuvre tend, de plus en plus, à se mesurer d'après sa puissance d'impact. Aux yeux des créateurs et du public, l'effet produit compte plus que le produit lui-même. À l'invention des formes belles invitant à l'extase l'artiste contemporain préfère souvent les situations excessives, l'insolite qui excite la curiosité, l'audace qui heurte les habitudes. L'obsession de la nouveauté conduit à l'extravagance, à la laideur, au psychédélique. Toute création devient une sorte de happening. Livrant assaut contre la sensibilité, faisant violence au goût, l'artiste met un point d'honneur à « choquer », à « bousculer », à « provoquer ». Ces mots, qui reviennent souvent dans le discours des créateurs, soulignent que le paradigme de l'art moderne est l'émotion-choc, et non l'émotion-sentiment. Il est plus important désormais pour une œuvre de « faire réagir » que de « plaire ». Elle a vocation non plus à être contemplée, c'est-à-dire assimilée dans l'intériorité, mais à faire sensation. Jouant sur la désorientation et le scandale, elle heurte et dérange. Le critère de sa valeur n'est plus sa contribution à l'enrichissement intérieur, mais la réactivité du public, qu'il importe avant tout d'« interpeller ».

C'est là l'essence même du modernisme. Une œuvre de style classique est destinée à éveiller l'émotion-contemplation. Elle s'efforce de plaire, elle vise le beau, afin d'ouvrir un passage vers la vie intérieure. Le modernisme, au contraire, cherche à provoquer une réaction qui est de l'ordre de l'émotion-choc.

Une représentation du *Cid* fut donnée en 1999 dans un théâtre de la région parisienne. Ce spectacle était, indiscutablement, de qualité, mais, en raison de ses audaces, il laissait au spectateur une impression de trahison. Ainsi, les cent premiers vers furent couverts par le son de guitares jouant du flamenco. Pendant une partie du drame, Chimène avait les seins nus. Apprenant la victoire de Rodrigue sur les Maures, le roi abandonnait toute solennité, poussant des olé ! joyeux avec ses ministres, qui le portaient à bout de bras, le faisant sauter en l'air comme un capitaine de football. Pour divertissants qu'ils fussent, ces choix scéniques nuisaient, en définitive, au plaisir du texte. L'émotion littéraire était étouffée par cette avalanche de surprises. La poésie de Corneille semblait n'être que le prétexte à des trouvailles frôlant l'extravagance. Les représentations théâtrales de ce genre se multiplient de nos jours. Nombreux sont les metteurs en scène qui paraissent n'avoir d'autre but que de se « faire plaisir », en jouant sur l'étonnement et le scandale. Mais qu'advient-il alors de la beauté des vers ? Accaparé par le spectacle, étourdi par l'invention scénique, le public les entend-il encore ?

Une œuvre du jeune artiste suisse Stéphane Dafflon a été exposée dans une galerie parisienne au printemps 2000. Sous le nom d'*Air Less*, les visiteurs découvrirent une sorte de chambre aux angles arrondis, formant une capsule close, avec une peinture murale blanche, fortement éclairée. Dans cet espace uniforme, le regard ne pouvait s'accrocher à rien. Le visiteur éprouvait une sensation de perte de repères. À l'évidence, l'artiste avait voulu provoquer la désorientation perceptive. Il avait créé un choc physiologique.

Cette pièce singulière n'était pas sans évoquer le caisson à isolation sensorielle popularisé par le New Age. Le caisson à isolation sensorielle consiste en un habitacle d'environ quatre mètres cubes, complètement fermé, insonorisé, sans lumière, où le *new ager* en quête de sensations inédites flotte dans une eau à 37° C, fortement salée pour renforcer l'impression d'apesanteur. Dans cet environnement où la vue et l'ouïe ne reçoivent plus aucun message, le sujet entre dans un état modifié de conscience proche de l'hypnose, un EMC, favorisant l'expérience psychospirituelle de l'élargissement de conscience, qui est la grande affaire du New Age. L'œuvre de Dafflon ressemblait à cela. Elle était conçue pour produire un EMC chez le visiteur. Commentant l'exposition, *Les Inrockuptibles* écrivaient : « On entre dans la capsule blanche de Dafflon comme pour une expérience visuelle en totale apesanteur. » Et le journaliste précisait son impression : « C'est une sorte de crash-test[1]. » Le crash-test serait-il désormais le summum de l'expérience esthétique ? *Air Less* est une de ces créations qui remplacent la recherche du beau, l'invention des belles formes, l'élan vers la transcendance, par une extraction au forceps de sensations extraordinaires. C'est un art du choc psychologique. Est-ce encore de l'art ?

### *La fin de la passion ?*

Enfin, la préférence pour l'émotion-choc influence les comportements amoureux. Elle disqualifie l'amour romantique au profit de la recherche d'expériences sexuelles. Un dessin humoristique paru il y a quelques années montrait un homme et une femme faisant l'amour dans la position de la « levrette ». Tandis que l'acte sexuel se déroule, l'homme demande à sa partenaire : « Et si on faisait une promenade ensemble dimanche prochain ? – Oh non, on ne s'aime pas assez pour cela », réplique la femme.

Ce dialogue illustre une certaine dérive de la vie amoureuse consécutive à la révolution sexuelle des années 60 et 70. L'expression du sentiment, l'admiration pour l'être aimé, la sublimation de la relation à l'autre, le colloque amoureux ont souvent été éclipsés par la quête de sensations. Pour beaucoup d'individus, le rituel de la cour amoureuse et de la conversation

1. Jean-Max Collard, in *Les Inrockuptibles*, 7/13 mars 2000.

galante a cédé la place à un libertinage dénué de poésie, culminant dans le cocktail sado-masochisme-drogue-échangisme. Le culte de l'orgasme a remplacé la carte du Tendre.

Or la conception qu'une civilisation se fait de la vie amoureuse conditionne l'orientation générale de la sensibilité. Elle détermine l'aptitude des individus à « sentir » dans les domaines autres que l'amour. Quand la profondeur du sentiment et la sublimation poétique sont encouragées, la sensibilité s'enrichit. Quand l'expression lyrique est cultivée avec délicatesse, l'émotion littéraire et le sentiment de la nature s'épanouissent eux aussi.

À cet égard, il est très probable que le déclin de l'amour romantique et la promotion de l'émotion sexuelle portent une part de responsabilité dans l'appauvrissement de la sensibilité littéraire qui, de l'aveu des professeurs, se manifeste dans les lycées et les universités. Un adolescent qui fait régulièrement l'amour depuis l'âge de treize ou quatorze ans peut-il vibrer à la lecture d'un poème de Lamartine ou de Verlaine ? Est-il capable de s'identifier à Julien Sorel quand ce dernier s'enhardit auprès de Mme de Rénal ? De partager la langueur de Frédéric qui se consume d'amour pour Mme Arnoux ? Quand le sexe est banalisé, quand l'érotisme est défloré, avec quelle fraîcheur de sentiment un jeune homme ou une jeune fille peuvent-ils encore goûter la fleur de la poésie ? La précocité de la vie sexuelle dilapide le capital de sensibilité disponible pour la jouissance esthétique. Elle supprime les élans d'imagination nécessaires pour se plaire dans la compagnie des grandes œuvres romanesques.

Un dernier mot au sujet de la passion, pour parachever notre tableau de la sensibilité contemporaine. Pourquoi l'individu contemporain ne cherche-t-il pas à satisfaire son besoin de vie intense dans la passion ? Celle-ci ne pourrait-elle convenir à sa sensibilité survoltée et tumultueuse ? Pourquoi notre époque est-elle émotionnelle et non passionnelle ?

Tout d'abord, la passion n'est jamais très éloignée de la souffrance et du tragique. Dans la langue allemande, les mots « passion » et « souffrir » ont la même racine (souffrir = *leiden*, passion = *Leidenschaft*). Or notre tempérament hédoniste ne nous dispose guère à sacrifier la multitude des plaisirs de la vie sur l'autel d'une passion exclusive qui, tout compte fait, réserve peu de joies.

La passion est aussi de l'ordre du « pâtir », de la passivité, de l'absence de liberté. Elle est, fondamentalement, quelque chose que l'on subit. C'est un dérèglement de l'âme qui nous affecte comme une maladie, une pathologie. L'homme passionné est immolé à sa passion. Au contraire, le charme des émotions vient du fait qu'elles constituent des événements affectifs que l'on produit à volonté. On peut délibérément créer les conditions dans lesquelles une émotion particulière surviendra. On peut faire telle expérience, tel voyage, pratiquer tel sport, voir tel film, qui provoqueront à coup sûr telle sensation forte. L'univers de l'émotion est celui de la prévisibilité. « Faites ceci, achetez cela, assistez à tel spectacle, afin de vous procurer telle émotion », répètent les messages publicitaires. La passion s'empare de moi, me tyrannise, tandis que l'émotion se décide, se calcule, se planifie. La passion entraîne l'asservissement, alors que l'émotion évoque le mouvement (« motion »), la mobilité, la liberté. La passion me consume, l'émotion se consomme.

Enfin, la passion et l'émotion présentent des temporalités différentes. Le propre de la passion est de s'inscrire dans la durée. Le passionné entretient un lien permanent à son objet, dans une espèce de don de soi-même. Or cette constance, cette fidélité sont en contradiction avec le tempérament moral actuel. Les hommes d'aujourd'hui fuient les adhésions exclusives, les engagements absolus. Ils ont une prédilection pour les situations provisoires, les liens précaires. Contrairement au passionné, esclave qui se ligote à son objet, nous entendons rester disponibles pour toutes les émotions du monde. Nous sommes les disciples d'André Gide.

Le régime temporel de l'émotion satisfait notre goût de la diversité. L'émotion survient brusquement, nous saisit, puis, après un paroxysme, retombe et s'éteint comme un feu de paille. Une autre émotion peut alors surgir. Cette succession de pics affectifs convient au tempérament actuel. Alors que la passion rend l'individu prisonnier d'une unique tonalité affective, la vie émotionnelle séduit car elle propose une suite chaotique de vibrations, d'ivresses momentanées. Nous aimons ce ciel changeant et versatile où défilent les couleurs de l'arc-en-ciel. Nous parcourons avec plaisir le clavier chatoyant de la surprise, de l'horreur, du dégoût, de l'admiration, de l'effroi, de l'indignation, de l'attendrissement, de l'extase, du vertige. Au monothéisme de la sensibilité incarné par la passion nous préférons le polythéisme des émois, le dilettantisme de l'enthousiasme. Le culte de l'émotion éparpille notre ferveur.

*TROISIÈME PARTIE*

# LE BON USAGE DE L'ÉMOTION

# Chapitre 10

## La disponibilité ou l'art de sentir

Le culte de l'émotion peut être la meilleure ou la pire des choses, et c'est souvent le spectacle du pire que nous voyons aujourd'hui. Réduit à une chasse aux sensations fortes, il altère notre sensibilité et nous entraîne dans une forme insidieuse de barbarie.

### *Redevenir des hommes sensibles*

Il convient maintenant de passer de l'analyse du mal à la recherche des remèdes. Comment empêcher ce dévoiement de la sensibilité ? Comment rompre l'addiction aux émotions-chocs ? Quelle orientation faut-il donner à la vie affective pour qu'elle contribue à une authentique culture de l'âme ? Bref, quel est le bon usage de l'émotion ?

Pour rééduquer notre sensibilité malade, il faut substituer à la culture de l'émotion-choc une culture de l'émotion-contemplation. Ce qui implique une double exigence de qualité, du côté du sujet et du côté de l'objet. D'une part, le courant d'une émotion contemplative ne peut se former que si l'on adopte face au monde une attitude d'accueil et d'ouverture. D'autre part, il faut veiller à la qualité des objets auxquels nous accordons notre attention. Ces objets doivent être élevés, nobles, dignes d'admiration, faute de quoi l'attention contemplative qu'on leur accorde porte à faux. Il faut être à la fois disponible et sélectif. C'est donc une double restauration que nous préconisons pour remédier à la dégradation de la vie émotionnelle. La disponibilité et l'admiration sont les deux vertus nécessaires à tous ceux qui, las de gaspiller leur potentiel émotionnel dans une vie déréglée, entendent, conformément au vœu de Rousseau, « s'exercer à sentir [1] ».

Tout au long du XX^e^ siècle, les voix les plus différentes venues de la littérature, de la philosophie, des sciences humaines ont prôné la disponibilité. André Gide donna le signal en enseignant à Nathanaël la ferveur ou l'art de savourer les êtres, les choses, les paysages. « Chaque nouveauté doit nous trouver tout entier disponible », écrivait-il dans *Les Nourritures terrestres*. Martin Heidegger dessina la figure idéale d'un homme attaché à la garde de l'être, un homme qui se considère comme le « Dasein » et qui, par sa disponibilité même, permet à l'être de se dévoiler. Gabriel Marcel, philosophe existentialiste, fit de la disponibilité un thème central de sa réflexion [2]. Le psychologue Carl Rogers l'introduisit dans la salle de classe, en en faisant le pivot de la relation pédagogique. Il l'érigea aussi en méthode psychothérapeutique. Sous le nom de non-directivité, Rogers désignait une qualité de présence fondée sur l'écoute,

1. *Julie ou la Nouvelle Héloïse*, première partie, lettre XII, *op. cit.*, p. 33.

2. Cf. son *Essai de philosophie concrète*, Gallimard, « Folio », 1999.

l'empathie, la compréhension, l'aptitude à se mettre en résonance avec les pensées et les affects de l'interlocuteur. De leur côté, les maîtres spirituels n'ont pas cessé de recommander la perméabilité, l'ouverture des sens, la réceptivité, comme préalable à l'expérience du surnaturel. La disponibilité est aussi au cœur des activités d'accompagnement, d'aide, d'écoute, de bénévolat qui se multiplient de nos jours, et dans lesquelles les relations de face à face jouent un rôle primordial. Elle est la condition *sine qua non* de leur efficacité. Enfin, elle constitue l'atmosphère morale et intellectuelle dans laquelle baignent l'écologie, la réflexion sur les rapports entre adultes et enfants, les nouvelles attitudes face au corps, les relations entre les sexes.

Tout se passe comme si le début du XXI^e^ siècle était travaillé par un puissant besoin de changer le rapport aux objets et aux êtres et de trouver des alternatives au contrôle. « L'homme est en situation », disaient les existentialistes. Mais il y a deux manières d'être en situation. Soit on se comporte dans le monde en maître et possesseur, soit on établit avec lui un rapport de douceur en se rendant perméable et réceptif. Ces deux voies divergentes dessinent l'alternative majeure qui s'offre aux hommes du XXI^e^ siècle. À une morale de la volonté, du projet, de la puissance, du constructivisme qui a enflammé l'ardeur des hommes du XX^e^ siècle s'oppose la *morale de l'attention* esquissée par la philosophe Simone Weil [1]. Il ne s'agit plus de transformer le monde par la volonté, mais de « laisser être » les êtres et les choses en

1. Cf. *La Pesanteur et la Grâce*, Agora-Pocket, 1991, p. 133 et suivantes.

leur accordant notre attention et en rendant notre présence auprès d'eux légère.

Quels sont les commandements de cette morale de l'attention ?

### *La lenteur, éducatrice de la sensibilité*

Il s'agit d'abord d'une question de temps. Le premier acte à accomplir pour modifier sa vie émotionnelle est de se donner du temps, de ralentir le rythme de son existence. Les émotions-chocs sont impatientes, insatiables. Elles se nourrissent d'une succession trépidante d'événements. Elles tuent le présent en se projetant vers les plaisirs que réserve le futur. L'émotion-contemplation, au contraire, s'épanouit dès qu'on allonge le point mathématique et fuyant du présent. C'est dans une atmosphère de lenteur que s'élaborent les émotions calmes qui pénètrent dans l'âme et la font grandir.

On profite mieux des choses quand on a différé le moment de leur jouissance. Songeons aux émotions délicates que réserve aux amants le patient itinéraire de la carte du Tendre… La lenteur élargit le court espace entre le passé et le futur. Elle donne de l'épaisseur au présent. Elle rend possible non seulement une présence plus grande au monde, mais, si l'on peut dire, une présence plus grande au présent. L'homme qui fait les choses lentement peut tirer tout le suc émotionnel de l'ici et maintenant. Il goûte la saveur de la vie. Il profite des douces émotions du présent. Il court moins le risque d'éprouver au soir de l'existence le désenchantement qui s'exprime dans le mot cruel de Fontenelle : « Bonheur, je ne t'ai reconnu qu'au bruit que tu fis en t'enfuyant. »

Les adeptes de la relaxation, de la respiration consciente ou de la méditation en témoignent : un simple ralentissement de nos fonctions vitales, confient-ils, améliore *ipso facto* le rapport à soi et au monde. Ce rapport devient plus recueilli, plus intérieur. Les exercices de détente, de lâcher-prise restaurent la réceptivité à une foule de vibrations que la vie agitée fait négliger. « Les choses, disait Carlfried von Dürckheim, nous parlent si nous avons le temps d'écouter[1]. » Et le sage de la Forêt-Noire, qui est aussi un des fondateurs du développement personnel, ajoutait le conseil suivant à l'adresse de tous ceux qui entreprennent de rééduquer leur sensibilité : « Tout ce que vous faites, faites-le un peu plus lentement. »

D'où la supériorité de la lecture sur la consommation d'images. Dans l'image, surtout celle qui est animée, toute l'information est donnée d'un coup. À la fois vive et instantanée, l'image favorise donc l'émotion-choc. Quand, en 1895, Louis Lumière projeta son premier film, *L'Arrivée d'un train en gare de La Ciotat*, les spectateurs furent pris de panique. Devant la locomotive qui fonçait vers eux, ils se précipitèrent sous leurs sièges pour éviter le danger. Quel symbole ! Par sa forme et son contenu, le premier film de l'histoire du cinématographe se plaçait sous le signe de l'émotion-choc. Par sa forme : l'image cinétique révélait pour la première fois sa prodigieuse puissance d'impact. Et par son contenu : la scène filmée par Louis Lumière représentait un train en mouvement, c'est-à-dire le moyen de transport qui, après des millénaires où le galop du cheval avait fixé la limite aux déplacements des hommes, inaugurait l'ère de la vitesse.

1. *L'Esprit Guide*, Albin Michel, 1991, p. 180.

Dans l'acte de la lecture, au contraire, la représentation mentale s'élabore progressivement. Contrairement à l'image extérieure qui surgit toute formée, l'image intérieure a besoin de temps, et son lent mûrissement est propice à l'apparition d'émotions profondes, qui se métabolisent dans la vie intérieure.

Le XX^e siècle a été caractérisé par la conquête de la vitesse. Espérons que le nouveau siècle aura la sagesse de tout ralentir. Les hommes de demain amélioreront leur vie émotionnelle s'ils peuvent annoncer, en paraphrasant le célèbre mot de Saint-Just sur le bonheur : « La lenteur est une idée neuve en Europe. »

### *« Écouter la voix de l'Être » (Heidegger)*

La disponibilité réside aussi dans le désintéressement. Pour être accueillant au monde, pour vibrer de façon contemplative, il faut donner congé aux finalités utilitaires. Exemplaire à cet égard est l'esprit dans lequel Rousseau pratiqua la botanique. Sa passion de l'herborisation lui procura des joies profondes car elle était exempte de tout calcul. Jean-Jacques ne cherchait ni à connaître la célébrité, ni à faire fortune, ni à se procurer des plantes médicinales, ni à réunir des matériaux en vue d'un traité scientifique. Seul le plaisir de découvrir la diversité des espèces végétales l'animait :

> « Il y a dans cette oiseuse occupation, confie-t-il dans les *Rêveries*, un charme qu'on ne sent que dans le plein calme des passions mais qui suffit seul alors pour rendre la vie heureuse et douce : mais, sitôt qu'on y mêle un

motif d'intérêt ou de vanité, soit pour remplir des places ou pour faire des livres, sitôt qu'on ne veut apprendre que pour instruire, qu'on n'herborise que pour devenir auteur ou professeur, tout ce doux charme s'évanouit, on ne voit plus dans les plantes que des instruments de nos passions, on ne trouve plus aucun vrai plaisir dans leur étude, on ne veut plus savoir mais montrer qu'on sait, et dans les bois on n'est que sur le théâtre du monde, occupé du soin de s'y faire admirer [1]. »

Une histoire orientale raconte qu'un moine, un bandit, un peintre, un avare et un sage voyageaient de compagnie. À la tombée de la nuit, ils trouvèrent refuge dans une grotte.

« Quelle belle retraite pour des hommes hors la loi ! s'exclama le bandit.

– L'endroit est parfait pour cacher un trésor, observa l'avare.

– Quel beau sujet pour un tableau que ces jeux de lumière et d'ombre sur les parois, soupira le peintre.

– L'endroit est propice à la méditation. On pourrait faire ici un ermitage », suggéra le moine.

Le sage, quant à lui, prononça ces simples mots : Quelle belle grotte ! [2] »

Cette fable est instructive. Le bandit et l'avare sont étrangers de l'esprit de contemplation ; il n'y a rien de surprenant à cela. Mais ceux qui se consacrent à l'art et à la spiritualité ? Qui douterait qu'ils ne soient aptes à la contemplation ? Or la leçon de l'apologue est claire. Ni ce peintre ni ce moine ne donnent accueil au monde,

1. *Les Rêveries du promeneur solitaire*, GF-Flammarion, p. 143.

2. Cette histoire est racontée par René Huygue dans *Dialogue avec le visible* et citée in *Christus* n° 167, *L'Admiration*, p. 294.

car ils continuent de le percevoir à travers leur désir. Seul le sage, dont le regard est affranchi de tout projet, vibre d'une authentique ferveur. Lui seul est dans la louange, la dévotion, l'accueil de la beauté. La disponibilité suppose l'abolition de l'utile, la gratuité absolue, le « nirvana » de l'intentionnalité.

Être disponible, c'est aussi prendre en compte ce qui est simple et banal. La restauration de la contemplation passe par la réhabilitation des petites choses. Il faut consentir à se pencher sur le quotidien. Les artifices conçus pour déclencher des décharges émotionnelles nous éloignent de l'esprit contemplatif. On s'en rapproche au contraire quand on laisse se former le mince filet d'une émotion délicate au contact de choses anodines, à l'instar de Philippe Delerm, apôtre des minuscules plaisirs de la vie. Il n'y a pas de spectacle plus désolant à cet égard que les enfants et les adolescents qui, rivés à des consoles de jeux, consacrent leurs loisirs au monde du virtuel. L'électronique est devenue leur principale éducatrice. Quel gaspillage de leurs juvéniles émotions ! Ne vaudrait-il pas mieux employer ces heures à aller au-devant des arbres, des animaux ?

« Si vous voulez conduire un jeune homme sur le vrai chemin de la culture, recommandait Nietzsche, gardez-vous bien de briser le rapport naïf, confiant et pour ainsi dire personnel et immédiat qu'il a avec la nature. Il faut que la forêt et le rocher, l'orage, le vautour, la fleur solitaire, le papillon, la prairie, la pente de la montagne lui parlent chacun dans sa langue [1]. »

1. *Sur l'avenir de nos établissements d'enseignement*, « Quatrième conférence », *op. cit.*, p. 100. Nietzsche, âgé seulement de vingt-huit ans, était alors professeur à l'université de Bâle.

*« Laisser être l'être »*

La disponibilité suppose aussi la renonciation à la puissance. On ne peut faire reddition au monde et s'abandonner à sa contemplation si on le considère dans l'horizon du « faire », comme un champ livré à notre pouvoir. La volonté de mainmise tue les émotions délicates.

Un promeneur passe devant une plate-bande et, machinalement, il cueille une fleur. « Comme elle est jolie ! », s'exclame-t-il, tout en respirant son parfum. Mais, quelques mètres plus loin, il la rejette par distraction. Comportement de prédateur. Est-ce là s'émouvoir ? En décapitant cette fleur, n'a-t-il pas défloré aussi l'émotion ? Pour que le courant d'une émotion contemplative s'établisse, il faut accepter qu'il y ait des choses soustraites à notre puissance. Il faut accepter qu'il y ait un « donné » échappant à l'activité de fabrication et au pouvoir de destruction. Un donné, c'est-à-dire un existant dont, littéralement, il nous est fait don, et que, par conséquent, nous devons recevoir.

C'est la révélation qu'entrevit saint Julien l'Hospitalier, dont la vie est retracée dans les *Trois contes* de Flaubert. Adolescent, Julien a pris goût à l'art cynégétique. Insensiblement, il est devenu un chasseur assoiffé de sang. Courant nuit et jour à travers les bois, il abat sans distinction tous les animaux qu'il rencontre, avec une exaltation sauvage, une volupté perverse. Un jour, il croise un cerf qu'il atteint d'une flèche en pleine tête. Avant de s'écrouler, l'animal s'approche tranquillement de lui et le fixe de ses yeux flamboyants. Devant ce regard, Julien est saisi d'accablement et de honte. C'est le début d'un profond changement dans sa vie. Bientôt, les émotions violentes du carnage perdront tout attrait à ses yeux. Il se laissera envahir par des émotions d'un autre ordre. Ainsi, le changement de regard a inauguré un tournant dans sa vie émotionnelle. Julien entrera dans une nouvelle vie où il réapprendra à accueillir l'altérité, pour finir dans l'oblation qui le conduira finalement à la sainteté.

L'exigence de disponibilité implique aussi la renonciation à l'esprit de possession. Peut-on s'enivrer des choses quand on est préoccupé par le désir de les posséder ? Vous voulez jouir de la beauté d'un jardin, d'une forêt, d'un sentier, d'un édifice ? N'en soyez pas le propriétaire, et n'aspirez pas à le devenir ! Pour se mettre à la disposition du monde, il ne faut pas avoir le monde à sa disposition. À cet égard, on peut se demander si la révolution de l'électronique et de l'informatique ne fait pas peser une menace sur la sensibilité. Grâce au CD, au CD-ROM, au DVD, à la cassette vidéo, à l'Internet, au câble, aux serveurs, aux banques de données, toutes les beautés de la nature et de l'art, toutes les curiosités du monde sont maintenant à notre portée. Il n'y a pas un paysage, une ville, un chef-d'œuvre du cinéma, un morceau de musique, un musée, un tableau, une espèce animale, un paysage qui ne soient instantanément accessibles. Aucune autre époque n'a bénéficié d'une telle mise à disposition du monde. Par un clic de souris, une manœuvre de magnétoscope, un ordre de téléchargement, on convoque la richesse du monde. Mais cette puissance sans limites a son revers. Quelle est la qualité émotionnelle de la découverte des œuvres de la nature et de l'art ainsi pliées à notre désir ? La fraîcheur de l'émotion n'est-elle pas évaporée ? En éliminant les incertitudes de la rencontre et l'inattendu de la surprise, en supprimant les obstacles et les délais du déplacement physique, ne supprime-t-on pas aussi l'émerveillement ? La scanérisation est l'ennemi de la contemplation.

Contre l'attitude de puissance et de possession, nous plaidons pour une philosophie de la douceur, qui tourne le dos à l'esprit prométhéen. Il est d'ailleurs réconfortant de voir que les valeurs « non conquérantes » telles que la douceur, la politesse, la légèreté, la tendresse, le lâcher-prise, la délicatesse, l'écoute, l'attention jouissent d'une faveur grandissante de nos jours. En contrepoint des totalitarismes, des génocides, des guerres et de la frénésie technique, le XXe siècle n'avait pas cessé d'entretenir, de façon souterraine, cette petite flamme de la disponibilité et de la douceur. C'est le legs paradoxal de ce siècle de fer ! Le XXIe siècle a pour mission de faire fructifier cet héritage. Il devra mettre en application cette philosophie de la douceur qui consiste à respecter l'existence du monde, à le ménager, bref à « laisser être l'être ». Nos ancêtres inventèrent le « laissez-faire, laissez-passer », principe de l'économie de marché. Il appartient au XXIe siècle de promouvoir le « laisser-être ». Et, de même que le « laissez-faire, laissez-passer » donna une impulsion décisive à la maîtrise industrielle du monde, de même le laisser-être permettra la libre éclosion du monde. Adopter en face des êtres et des choses une attitude d'accueil, c'est en effet permettre aux êtres et aux choses de se développer et faciliter leur épanouissement.

Il y a plus. La fécondité de l'attitude du laisser-être provient de la transaction cachée qu'elle renferme. Car il s'établit entre les deux parties un échange de bons procédés. D'une part, je rends service au monde en m'abstenant de le brutaliser et en respectant son existence. En me plaçant dans une posture d'écoute, de « sage passivité », comme dit le poète Wordsworth, je permets aux objets et aux êtres d'être eux-mêmes. Ainsi, l'enfant que je prends le temps d'écouter s'épanouira harmonieusement. Mais n'est-ce pas aussi à moi-même que, en agissant ainsi, je rends service ? Ne suis-je pas moi-même le bénéficiaire du laisser-être que j'applique dans ma relation au monde ? De fait, en me rendant perméable à l'extériorité, je permets à ses vibrations de m'atteindre et de me fertiliser. Ma disponibilité pour le monde est payée de retour par l'émotion que j'en reçois et qui me fertilise. De façon révélatrice, les individus qui se consacrent à la relation d'aide, au bénévolat, à l'accompagnement des malades ou des mourants témoignent de ce profit mutuel. Ce qu'ils apportent aux autres est précieux, concèdent-ils, mais ils ajoutent : « Nous recevons autant que nous donnons, nous sommes les premiers bénéficiaires de notre présence à autrui. » En vertu de cette transaction cachée, la disponibilité est donc le plus sûr moyen de s'enrichir. Ne me brutalise pas, semble demander le monde, en contrepartie je saurai te remuer. Ce qui fait croître notre humanité, disait Heidegger avec justesse, c'est d'être le « berger de l'être ». C'est en *laissant être l'être* que, paradoxalement, on acquiert la possibilité d'*être plus*.

## Chapitre 11

# L'homme indisponible

Prenons le temps d'analyser quelques-uns des obstacles qui barrent le chemin de la disponibilité. Le premier est la peur de l'émotion. Être disponible, c'est, en effet, prendre le risque d'être remué par l'émotion, c'est se mettre en situation d'être touché par le monde, d'être envahi, submergé. Or, ce faisant, on s'expose. L'attitude de disponibilité est inconfortable car elle ouvre le canal d'une vibration émotionnelle par laquelle le monde extérieur retentit sur soi et entraîne un changement personnel.

*Le risque de l'altérité*

C'est la sourde crainte de se trouver dans cette situation de vulnérabilité qui explique la tendance à se réfugier dans des attitudes de puissance. Le pouvoir, l'attitude technicienne, la maîtrise, le contrôle, l'arraisonnement ont pour fonction, en partie, de protéger le sujet contre les émotions. Ils lui évitent d'être perturbé. Ce sont des moyens défensifs, des écrans protecteurs contre les rayonnements issus de l'extérieur. On préfère peser sur le monde plutôt que de le laisser peser sur nous. On le remue pour l'empêcher de nous remuer.

Cette observation vaut particulièrement pour les relations entre les individus. La présence d'autrui comporte pour chacun une menace de perturbation. D'une manière générale, nous craignons d'être interpellés par le contact d'autrui. C'est ce que suggère le mot même « altérité » : le propre de l'altérité (du latin *alter* = autre) est, justement, de nous altérer, c'est-à-dire de nous transformer. L'altérité nous effraie car elle possède le pouvoir de nous remuer et, partant, de convoquer au changement. D'où nos réflexes défensifs. On est prompt à adopter une attitude de puissance pour se soustraire à cette altération. On est tenté de se rendre indisponible pour échapper au changement. La propension à influencer les autres, à exercer sur eux de l'autorité, à les contrôler, les juger, les admonester, ou tout simplement les éviter, provient, pour une grande part, de cette peur.

Il y a trente ans, l'un de mes amis s'est vu offrir la possibilité de rencontrer le padre Pio (dont le procès en canonisation est en cours au Vatican). Rencontrer cet homme hors du commun était, assurément, une chance exceptionnelle. Cependant, mon ami hésita. Il était en pleine ascension professionnelle. Sa réussite sociale était éclatante. Argent, pouvoir, honneur, rien ne lui manquait. C'était en outre un homme de foi et de conviction qui luttait pour de nobles causes. Mais approcher le padre Pio eût été courir le risque de remettre en cause cette vie somme toute rassurante. Mon ami pressentit qu'un entretien avec l'un des grands saints du XX$^{e}$ siècle ne serait pas une simple conversation mondaine, mais un ébranlement profond, une commotion de sa vie tout entière. Il allait être ému, c'est-à-dire, à la lettre, « mû », remué, mis en mouvement, déstabilisé, sommé de changer. Il allait approcher un feu ardent qui brûlerait en une seconde tous les biens qu'il estimait. Il allait être convoqué à un engagement spirituel absolu. C'était peut-être trop pour un homme qui n'avait alors que quarante ans. Il ne voulut pas de ce remuement dans son existence. Il déclina l'invitation.

### *L'illusion de l'autonomie*

Un autre obstacle sur le chemin de la disponibilité est la prétention à l'autosuffisance. On ne peut pas se rendre réceptif au monde si l'on est convaincu de se suffire à soi-même. Or, observait Gabriel Marcel, il y a un état psychologique où l'homme ne peut recevoir aucune révélation de l'existence parce qu'il est plein de soi. N'offrant aucune prise au monde, il est indisponible. Gabriel Marcel émettait beaucoup de réserves sur l'état d'épanouissement que l'on caractérise par des expressions comme « être unifié », « être intégré ». Pour le sens commun, ces expressions désignent l'équilibre psychique parfait, l'harmonie avec soi-même, la complète réalisation de sa personnalité. Qui n'aspire à la plénitude, à l'achèvement ? Et pourtant, soulignait Gabriel Marcel, l'état « unifié », « intégré » dénote une clôture orgueilleuse, une fermeture devant l'altérité, une indisponibilité face au monde. Il contredit la « fonction propre du sujet, qui est de sortir de soi [1] ». Il en va de

1. *Essai de philosophie concrète, op. cit.*, p. 79.

même, poursuivait Gabriel Marcel, de l'autonomie. En s'attaquant à l'autonomie, le philosophe savait qu'il livrait un assaut iconoclaste contre l'une des valeurs les plus prestigieuses de notre civilisation. Il y a, insistait-il, une manière d'affirmer son autonomie qui empêche le monde et les êtres de retentir sur nous, de nous imprégner. On n'est disponible qu'à la condition de rompre le cercle de cette présomptueuse autonomie. Acceptons au contraire de dépendre du monde, et nous recevrons ses vibrations. Reconnaissons que nous sommes inachevés, incomplets, consentons à être poreux, perméables, ouverts à la rencontre, et le monde fera impression sur nous. C'est l'hétéronomie, bien plus que l'autonomie, qui épanouit la sensibilité.

Le troisième obstacle à la disponibilité découle d'une certaine conception de la vie intérieure. Nos contemporains sont de plus en plus nombreux à s'intéresser à la vie intérieure. Ils désirent la reconquérir. Dans un monde comme le nôtre, qui a fait de si grandes concessions au matérialisme, un tel projet ne peut qu'être loué. Mais il ne faudrait pas que ce travail de restauration s'édifie sur de mauvaises bases. Or, il y a une façon d'envisager la vie intérieure qui détourne de l'émotion contemplative et risque de rendre indisponible. Nous faisons allusion à la tendance à considérer la vie intérieure comme autosuffisante. Maints adeptes de la méditation envisagent leur for intérieur comme une richesse préexistante. À la manière de Leibniz, ils conçoivent leur âme comme une monade capable de « tout tirer de son propre fond ». Des joyaux inouïs, pensent-ils, sont enfouis au creux de leur subjectivité. Ces méditants postulent, pour reprendre une formule nietzschéenne, l'existence d'un « arrière-monde » situé au fond d'eux-mêmes. Les notions, très en vogue dans le développement personnel, de moi essentiel (une expression de Carlfried von Dürckheim), de moi-microcosme (dans l'ésotérisme), de moi transpersonnel (chez Stanislav Grof), de Soi (chez Jung) attestent la popularité de cette croyance. Pour développer la vie intérieure, pensent ces adeptes de la méditation, il suffirait donc de se plonger dans ce moi fondamental, dans cette âme substantielle, et d'exploiter les gisements qui y sont contenus. Rentrez en vous-mêmes, dit-on aux méditants. Plongez-vous dans votre moi, et vous découvrirez des trésors. L'une des orientations actuelles des pratiques de méditation consiste à s'enfermer ainsi dans l'enceinte du moi et à se rassasier de soi.

Il n'est pas douteux que de telles pratiques de vie intérieure soient relaxantes. Elles ont des vertus thérapeutiques. Le lâcher-prise est apaisant et bienfaisant. Mais, ainsi envisagée, la vie intérieure n'est-elle pas appauvrissante ? Quand on plonge au cœur du moi en faisant abstraction du monde, est-ce qu'on n'étreint pas, en définitive, du vide ? Ne fait-on pas l'expérience du néant ? La vie intérieure, quand elle s'abîme dans la méditation, est souvent misérable, constatait Chamfort[1].

1. Cité in Pierre Trahard, *La Vie intérieure*, Boivin, 1947, p. 24.

*L'âme et les beautés étrangères*

Et si la véritable vie intérieure était tout autre chose ? En réalité, la subjectivité qui tourne le dos à l'extériorité est une caricature de la subjectivité. Débarrassons-nous de la vision erronée qui sous-tend certaines pratiques de méditation. La vie intérieure requiert la disponibilité et l'attention au monde. Elle a besoin d'être ravitaillée par l'extériorité. Une simple introspection révèle, en effet, que ce qui fait la richesse de notre for intérieur est constitué, pour l'essentiel, par les souvenirs des instants où nous avons été présents au monde d'une façon contemplative. Notre vie intérieure est formée par les alluvions, les dépôts laissés par les émotions ressenties au contact du monde : un échange de regards avec un être aimé, une musique écoutée avec ravissement, un moment d'abandon voluptueux à la beauté d'un jardin, une étreinte passionnée ou l'attendrissement éprouvé devant des enfants en train de jouer. La vie intérieure est, en quelque sorte, le prolongement de ces impressions, la condensation de ces émotions raffinées qui continuent de retentir en nous après que leur objet a disparu. La richesse intérieure est la réverbération des « moments de qualité » où l'on a su se rendre disponible. Une alchimie psychologique a métabolisé en joyaux intérieurs leur scintillement.

L'âme ne tire rien de son propre fond : elle se fabrique avec des beautés étrangères. Loin d'être autosuffisante, elle n'est que l'ombre portée du monde. Elle est une lanterne magique où se projettent les images externes accompagnées de leurs vibrations émotionnelles. Par un abus de langage, on parle d'« expérience intérieure ». Cette formule est commode mais ambiguë. L'expérience intérieure est bien mal nommée, car, comme le remarquait Emmanuel Mounier, « on y est jeté aux quatre coins de l'univers[1] ». Dans la vie intérieure, rien n'est substantiel ; tout est relationnel. Il n'y a pas d'arrière-monde ; il n'y a que la conscience du monde. Le moi n'est pas riche par lui-même, mais par ce qu'il prend au monde, par son butinage émotionnel, sa disponibilité fervente. La véritable intériorité se moque de l'intériorité.

Au détour d'une page des *Mémoires d'outre-tombe*, on rencontre les lignes suivantes : « Je rentre dans mon for intérieur, écrit Chateaubriand, comme un lièvre dans son gîte : là, je me remets à contempler la feuille qui remue ou le brin d'herbe qui s'incline[2]. » Le lecteur sursaute, mais il a bien lu. Chateaubriand déclare que, en rentrant dans la profondeur de son moi, il ne découvre pas une richesse « intérieure », une richesse *sui generis*, un Soi profond, un moi essentiel, que sais-je ? mais… une simple feuille d'arbre, un brin d'herbe, c'est-à-dire la présence encore palpitante des objets extérieurs. Ce que recèle le for intérieur, ce sont les alluvions déposées à la faveur d'un regard qui était tourné vers l'extériorité. En deux phrases anodines, Chateaubriand a fait, ni plus ni moins, une défense et illustration de la disponibilité. Paraphrasant le fameux *nihil est intellectu quod non in sensu fuerit* des empiristes[3], on pourrait dire : rien n'est

1. *Le Personnalisme*, PUF, Que-sais-je ?, p. 56.
2. *Mémoires d'outre-tombe,* tome 1, Le Livre de Poche, p. 440.
3. « Rien n'est dans l'intellect qui n'ait été préalablement dans les sens. »

dans la vie intérieure qui n'ait été préalablement capté par les sens et contemplé dans la chaleur de l'émotion.

À tous ceux qui se lancent dans l'aventure de la vie intérieure, on peut donc adresser ce conseil : sortez de votre intériorité si vous voulez enrichir votre intériorité. Il y a mieux à faire que de méditer. La reconquête de la vie intérieure passe, paradoxalement, non pas par la méditation, mais par l'attention à ce qui n'est pas soi. Au lieu de rentrer en vous-même, soyez disponibles à ce qui vous entoure. Restez à la surface, à l'interface du monde. Cultivez l'art de lui faire miroir, laissez-vous atteindre par ses vibrations, dispersez-vous dans l'extériorité, ayez la « sage passivité » que recommande Wordsworth, aliénez-vous doucement aux choses et aux êtres [1].

### *Le vase d'or*

Un conte pour la jeunesse illustre joliment cette morale de l'attention. C'est l'histoire classique d'un roi qui a promis la main de sa fille au prétendant qui triompherait d'une épreuve difficile. L'épreuve consiste à saisir un vase d'or que l'on voit miroiter au fond d'un bassin. Tour à tour, les plus courageux et les plus habiles jeunes gens du royaume plongent dans l'eau, mais en vain : une fois parvenus au fond de l'eau, ils ne parviennent

1. À Paray-le-Monial, lors d'une retraite spirituelle, un prêtre de la Communauté charismatique de l'Emmanuel interrogeait les retraitants en ces termes : « Avez-vous prêté attention aux arbres et aux fleurs entourant la basilique ? » Apprendre à regarder était pour lui l'article Un de la vie intérieure.

pas à saisir le vase, alors qu'ils le voyaient nettement quand ils se penchaient sur le bord. Les uns après les autres, ces malheureux prétendants sont mis à mort.

Un jeune homme parla de ces événements avec son vieux père qui était aveugle. « Y a-t-il quelque chose au bord du bassin ? demanda celui-ci.

– Il y a en effet un arbre, répondit le fils.

– Décris-le-moi.

– C'est un arbre feuillu aux longues branches, formant une sorte de voûte au-dessus de l'onde.

– Eh bien, reprit le père, je vais te révéler la clé de l'énigme. Le vase n'est pas dans l'eau. Il est tout simplement accroché à une branche de l'arbre. Ce que tu vois au fond du bassin n'est que son reflet. »

Le vieil homme aveugle avait deviné juste. Son fils se rendit aussitôt à la cour du roi et, au grand étonnement de tous, au lieu de plonger dans l'eau, il grimpa à l'arbre. Il y découvrit le vase d'or, soigneusement dissimulé dans l'épais feuillage. Et ce fut lui qui épousa la fille du roi.

Cette charmante histoire est une invitation à diriger son attention vers les objets qui nous entourent. L'eau représente notre intériorité ; le vase représente la richesse du monde environnant. Le conte enseigne que les trésors que l'on croit être au fond de l'âme proviennent en fait du monde extérieur. Il n'y a pas de richesse intérieure qui ne soit la réfraction des beautés étrangères. Au lieu de plonger au fond de nous-mêmes, saisissons le vase d'or où il est, hors de soi, dans l'extériorité. Le bonheur nous y attend.

## Chapitre 12

# De l'admiration

Donc, soyons disponibles. Disponibles, mais pas pour n'importe quoi… Certains objets nous élèvent tandis que d'autres nous dégradent. Il importe d'utiliser avec discernement notre faculté d'attention. Au souci de la qualité dans l'attitude doit répondre un souci équivalent quant à la qualité des objets que nous plaçons sous notre regard. Ces objets doivent être élevés, nobles, c'est-à-dire dignes d'admiration.

Tout jeune homme attiré par une jeune fille sait d'instinct, pour peu qu'il soit sincère, si cette dernière est susceptible de l'élever ou de l'abaisser, de le rendre meilleur ou de l'avilir. Le critère est simple : y a-t-il ou non dans l'inclination qu'il ressent une part d'admiration ? S'il peut répondre par l'affirmative, cet amour l'élèvera. Tel est le principe que nous formulons au seuil de ce chapitre : une émotion nous enrichit dès lors qu'elle comporte un gradient d'admiration. Si l'homme actuel veut mener à bien son projet de *cultura animi*, s'il veut reconstruire son âme, il doit ravitailler sa vie intérieure par l'admiration, qui est un mélange d'émotion et de vertu.

Le retour à l'admiration s'impose avec une nécessité pressante étant donné la situation actuelle de la jeunesse. Car que faisons-nous voir et entendre à nos enfants ? De quelles images, de quels divertissements se nourrissent-ils ? Poser cette question, c'est toucher du doigt l'une des tares de la modernité. Beaucoup d'efforts sont déployés pour développer chez les jeunes l'esprit civique, le jugement critique, les capacités logico-mathématiques, mais la formation du goût, elle, est laissée dans un complet abandon. Les adultes n'exercent presque aucune vigilance face à la marée noire de la pollution visuelle, musicale, morale qui envahit l'âme enfantine. Par une sorte de paradoxe, on multiplie les précautions en matière d'environnement et de sécurité alimentaire, on exige de consommer des aliments sains, de respirer un air sans toxines. Mais la pollution du goût ? Qui s'occupe des dégradants spectacles, de la musique violente, du déclin de la lecture, de l'appauvrissement de la langue, de la perversité des jeux vidéo, de certaines émissions douteuses sur la bande FM ?

## *La première des passions de l'âme*

L'admiration, que Descartes rangeait au premier rang des passions de l'âme[1], se manifeste d'abord par un élan vers ce qui nous dépasse, comme le suggère le mot latin « admirari » : « mirari » signifie s'émerveiller, tandis que le préfixe « ad » indique un « mouvement vers ». Un objet suscite de l'admiration quand il nous surplombe.

1. *Les Passions de l'âme* (article 53), in Bibliothèque de la Pléiade, p. 723.

Admirer, c'est se subordonner respectueusement à ce qui est supérieur. Kant éprouvait de l'admiration pour les réalités les plus élevées à ses yeux, « le ciel étoilé au-dessus de moi et la loi morale au-dedans de moi [1] ». Gabriel Marcel, philosophe existentialiste, rattachait l'admiration à l'idée de révélation, soulignant ainsi son affinité avec la transcendance. Dans l'admiration, écrivait-il, « quelque chose se révèle à nous [...]. Les idées d'admiration et de révélation sont corrélatives [2] ».

Le mouvement ascensionnel qui anime l'admiration s'apparente à la dévotion. L'admiration est, dans l'ordre des choses séculières, le sentiment qui se rapproche le plus de la ferveur religieuse. De façon révélatrice, Goethe condensait sa philosophie de l'admiration (et sa philosophie tout court) dans une formule à résonance religieuse, la *Weltfrömmigkeit*, la « piété pour le monde » [3]. « Qui suis-je, moi ? Qu'ai-je créé ? demandait le grand homme de Weimar. J'ai tout reçu, tout accueilli, j'ai assimilé tout ce qui passait à ma portée. » Cet aveu montre qu'à la composante dévotionnelle s'ajoute un élément de gratitude. L'admiration associe la louange propre à l'émerveillement et le sentiment d'une reconnaissance, le frémissement religieux et l'action de grâce. L'homme saisi par l'admiration remercie le monde, en quelque sorte, de lui fournir un tel objet. *Denken ist Danken*, « Penser c'est remercier », disait Heidegger, reprenant une formule piétiste du XVII^e siècle. D'un mot à l'autre, il n'y a qu'un tout petit changement de voyelle... Penser, c'est à la fois vibrer avec émerveille-

1. *Critique de la raison pratique*, trad. Picavet, PUF, p. 173.
2. *Essai de philosophie concrète*, *op. cit.*, p. 77.
3. Cf. Henri Lichtenberger, *Goethe*, Éditions de la nouvelle revue critique, 1939, p. 179.

ment et remercier ce monde pour les bienfaits qu'il nous prodigue. Rousseau a peint en Julie une âme portée à l'admiration, car elle savait apprécier à leur vrai prix les bienfaits reçus de la main de Dieu. « Julie, lit-on dans *La Nouvelle Héloïse*, ne trouve dans l'univers entier que sujets d'attendrissement et de gratitude : partout, elle aperçoit la bienfaisante main de la Providence [1]. »

Un objet d'admiration se reconnaît aussi au caractère suivant : sa richesse ne s'épuise pas dans un regard unique, mais se dévoile par une patiente fréquentation, un déchiffrement progressif. L'objet d'admiration contient une polysémie, une profusion de sens, qui explique l'impression que l'on ressent en sa présence de ne pouvoir « se lasser de lui ». Michel Crépu remarque que l'admiration est toujours une expérience de la pluralité de significations [2]. Dieu représente, de ce point de vue, ce qu'il y a de plus admirable pour un croyant, car sa nature ne se laisse entrevoir qu'au prix d'une exploration sans fin. De même, le savant passionné n'est jamais las de contempler les minéraux, les cristaux, les micro-organismes, les insectes que lui montre l'oculaire du microscope. Et une personne sera jugée admirable lorsque, à mesure que l'on approfondit sa vie ou son œuvre, on découvre sans cesse de nouvelles raisons de louer son caractère, sa vertu, sa sainteté ou son génie.

Même les objets du quotidien peuvent susciter de l'admiration, car ils possèdent une épaisseur de sens. Pour qui prend le temps de regarder, les objets banals recèlent un éventail de significations insoupçonnées au premier

1. *Julie ou la Nouvelle Héloïse*, cinquième partie, lettre V, p. 577.

2. In *Christus*, *L'Admiration*, p. 273. Voir aussi, du même auteur, *La Force de l'admiration*, Autrement, 1988.

regard, comme le montre Heidegger dans *la Chose* [1]. Considérez, demande Heidegger, une simple cruche. Qu'y a-t-il à admirer dans cet objet dépourvu d'intérêt ? Or, remarque Heidegger, sa finalité, son utilité ne s'épuisent pas dans son être. Verser un liquide n'est pas le simple transvasement d'un récipient dans un autre. Heidegger met au jour, dans une sorte d'irisation, la multiplicité des significations abritées dans la trivialité du transvasement. Il y a dans ce banal ustensile une présence conjuguée de la Terre, du Ciel, des dieux et des hommes, que Heidegger démêle dans une évocation poétique qui constitue une des plus belles exhortations à l'admiration : « Dans l'eau versée, écrit-il, la source s'attarde. Dans la source, les roches deviennent présentes, et, en celles-ci le lourd sommeil de la terre, qui reçoit du ciel la pluie et la rosée. Les noces du ciel et de la terre sont présentes dans l'eau de la source. » Ce qu'on offre, poursuit Heidegger, n'est pas un liquide neutre ou indifférent, mais la boisson destinée aux mortels, ou bien, lorsque le versement est accompli de façon essentielle, le breuvage donné en sacrifice aux dieux immortels. Les mortels et les divins sont donc eux aussi présents dans le versement du liquide offert dans la libation : « Dans le versement du liquide offert, la terre et le ciel, les divins et les mortels sont ensemble présents. » D'une manière générale, « la chose déploie son être en rassemblant. Rassemblant, elle fait demeurer la terre et le ciel, les divins et les mortels ». Tels sont les quatre éléments (le « quadriparti », comme l'appelle Heidegger) que réunit une simple cruche, pour qui prête attention à son être pro-

1. *Essais et conférences*, Gallimard, 1958, p. 203 à 211. Nous suivons Alain Boutot, *Heidegger*, PUF, 1989, p. 53.

fond, et qui la rendent digne d'admiration. Vermeer le savait bien, puisqu'il peignit *La Laitière*…

*Intériorité et spiritualité*

Venons-en au dernier caractère de l'admiration. Elle se différencie des autres émotions en raison de l'influence qu'elle exerce sur la vie intérieure. Nous résumerons notre point de vue sur cette question en disant qu'elle a la propriété de transformer la *vie intérieure* en *vie spirituelle*. On s'interroge souvent sur la différence entre « intériorité » et « spiritualité ». Il nous semble possible d'apporter à ce problème l'éclaircissement suivant. La vie intérieure est un phénomène d'ordre psychologique. Les états de conscience qui la constituent sont entièrement subjectifs. Dans la vie spirituelle, au contraire, les états de conscience sont en relation avec des valeurs, des vérités éternelles, universelles, qui libèrent le sujet de sa particularité personnelle. Ces valeurs et ces vérités le font participer au domaine de l'*esprit*, qui transcende le moi singulier et donne accès au Je, en lequel se reflète l'expérience de tout homme. Ainsi, les *œuvres de l'esprit* désignent les œuvres littéraires, poétiques, philosophiques, les textes sacrés et les mythes exprimant dans une forme parfaite l'aspiration à ce qu'il y a de plus haut dans la condition humaine.

Les émotions que nous avons appelées émotions-sentiments ou émotions-contemplation ont la propriété d'enrichir la vie intérieure. Mais l'admiration apporte un élément supplémentaire. Par le rapport qu'elle entretient avec l'universalité, elle transforme la vie intérieure en vie spirituelle. Elle nous introduit au domaine de l'esprit. De façon révélatrice, quand un individu ressent de l'admiration, il postule que l'objet qui la suscite éveille nécessairement le même sentiment chez les autres êtres humains. Il refuse d'admettre que son admiration puisse n'être que la manifestation d'un goût personnel et arbitraire. L'objet admiré est perçu par lui comme « devant-être-admiré-par-tous » et il éprouve du dépit, voire de la colère, si autrui le dénigre. Il n'est pas loin de considérer comme une offense le fait qu'on ne partage pas son sentiment. L'admiration comporte donc une dimension d'universalité. Elle se distingue des autres émotions par le fait qu'elle dépose un ferment d'universalité dans la vie intérieure. Ce ferment spiritualise l'intériorité. À partir du moment où le sujet se place en face du monde dans une attitude d'admiration, sa vie subjective se sublime en une authentique vie spirituelle.

Récapitulons. La disponibilité et l'admiration sont proches parentes, mais elles apportent deux contributions différentes à l'épanouissement de l'homme. La disponibilité empêche le sujet de se refermer sur lui-même, de se complaire dans la subjectivité close. Elle nourrit sa vie intérieure en l'ouvrant à des émotions venant de l'extérieur. Mais l'admiration apporte quelque chose de plus. Elle ouvre la vie intérieure à des émotions porteuses d'universalité, qui la fertilisent et l'élèvent au-dessus du plan psychologique. Elle catalyse sa transformation en vie spirituelle. Pour mener une vie intérieure riche et active, il faut être présent au monde sur le mode de la disponibilité. Pour mener une vie spirituelle, il faut en outre que cette présence au monde soit vivifiée par l'admiration.

*Pour un retour à l'admiration*

Ces considérations sont d'une brûlante actualité. Car deux tendances caractérisent le tempérament moral actuel. Les hommes d'aujourd'hui ont la volonté de redécouvrir la spiritualité mais, dans le même temps, ils manifestent une certaine réticence face à l'admiration. Un tel comportement est tout à fait contradictoire. On ne peut à la fois vouloir la spiritualité et refuser l'admiration. L'effort pour restaurer la vie spirituelle restera infructueux s'il n'est pas soutenu par un effort parallèle pour restaurer l'admiration. L'esprit ne s'épanouit que s'il est « l'esprit qui admire » et non, comme voulait Méphisto, «.l'esprit qui toujours nie ». C'est le oui admiratif à la vie, aux êtres, aux œuvres, à la nature qui fertilise l'homme et lui permet d'*être plus*. Pour mener à bien leur quête spirituelle, les hommes de notre temps doivent donc réhabiliter l'admiration. S'ils veulent que le XXIe siècle soit spirituel, s'ils veulent mener à bien le noble projet de *cultura animi*, ils doivent ravitailler leur vie intérieure par cette émotion particulière, qui est en même temps une vertu.

Dans le climat moral actuel, l'admiration est malheureusement négligée. Nous ne lui accordons pas la place qui lui revient. Nous la soumettons à deux traitements contradictoires. Tantôt nous la gaspillons, tantôt nous la censurons.

Nous la gaspillons dans d'innombrables campagnes publicitaires. Nous l'instrumentalisons pour assurer la promotion des biens de consommation. Nous faisons d'elle un auxiliaire du show-biz, un combustible pour alimenter le culte des vedettes. Observez à cet égard le déroulement des émissions de télévision, en particulier les variétés et les « talk-shows ». Une pratique de plus en plus répandue consiste à réunir des spectateurs autour du plateau où ont lieu les débats. Formant une véritable claque, ce public réagit, participe à la fête, laisse éclater sa gaieté, exprime sa réprobation, donne libre cours à son humeur. Il manifeste une étonnante propension à applaudir. Il bat des mains à tout propos, distribuant éloges et flatteries, saluant les bons mots, les plaisanteries grivoises, les insolences. Il encense les animateurs et leurs invités. Ce comportement symbolise parfaitement la dilapidation de l'admiration à laquelle nous nous livrons.

Tantôt, au contraire, nous la censurons. Un des principaux obstacles à l'admiration réside, à cet égard, dans le souci d'égalité. Or, pour pouvoir admirer, il faut consentir à la supériorité, il faut accepter de s'incliner devant l'excellence. Si l'on pose *a priori* que « tout se vaut », on s'interdit d'admirer. Regrettons à cet égard l'évolution suivie par notre système d'enseignement. Le rituel des distributions de prix a été abandonné. Dans les classes, il règne un climat tyranniquement égalitaire. L'excellence, le brio, le don ne sont plus guère appréciés. Le corps professoral se plaint que les meilleurs élèves adoptent souvent une attitude de prudente réserve. Ces élèves, constatent-ils, s'abstiennent de participer afin de ne pas éveiller l'hostilité de leurs camarades, s'efforçant par ce profil bas de se faire pardonner d'être les meilleurs. Jusqu'à une date récente, dans l'enseignement du français, on a délaissé l'imitation de grands auteurs – « Écrivez une lettre à la manière de Mme de Sévigné », ou bien « Décrivez un personnage dans le style de Balzac ». Les instructions officielles relatives aux disciplines littéraires parlent, au mieux, du « plaisir du texte ». Mais d'admiration il n'est pas question.

Quant à la notion de respect, clé de voûte de l'éducation civique, elle a un sens plutôt restreint. Le respect tel qu'il est envisagé dans les pratiques éducatives et les relations sociales incline du côté de l'égalité et non de la reconnaissance d'une quelconque supériorité. « Je te respecte » veut dire « Je te considère comme mon égal » et jamais « Je reconnais ton excellence ». Tout se passe comme si l'on respectait pour ne pas avoir à admirer. Il ne faudrait pas creuser beaucoup pour trouver dans les témoignages de respect que s'accordent les individus de la société moderne une forme d'indifférence. À la limite, « Je te respecte » veut dire : « Ce que tu es ne m'intéresse pas. Sois et fais ce que tu veux, de toute façon je m'en f... »

Un autre obstacle à l'admiration réside dans notre esprit de soupçon. Il est difficile de s'abandonner à la ferveur, de louer ce qui nous dépasse quand on regarde le monde avec suspicion. Or le tempérament moral actuel est porté à la critique plus qu'à l'émerveillement. L'opinion publique vit au rythme des démystifications et des mises en procès. L'esprit public se judiciarise chaque jour un peu plus. L'idéal de l'homme contemporain est « celui qui toujours dénigre », et non qui « toujours admire ». Craignant de paraître naïf, et ne voulant pas être dupe, chacun exerce le droit à la dérision. Plus précisément, une double méfiance comprime le sentiment d'admiration. Une méfiance concernant l'objet : ce dernier mérite-t-il vraiment l'admiration, est-il aussi admirable qu'il y paraît ? s'interroge-t-on. Et une méfiance relative au sujet : l'admiration ne risque-t-elle pas de dériver vers l'idolâtrie, la servile louange, l'acclamation fanatique ? Ne s'est-elle pas compromise avec les régimes dictatoriaux du XX$^{e}$ siècle ?

*L'admiration, éducatrice de la citoyenneté*

Libérons l'admiration de ce double piège de l'instrumentalisation et de la suspicion, du gaspillage et de la méfiance. Sortons-la du purgatoire où elle végète. Les années 70 et 80 ont révélé à nos contemporains les charmes de l'hédonisme. Puissent les années 2000 nous faire redécouvrir les vertus de l'admiration, qui, entre toutes les émotions capables de faire vibrer le cœur de l'homme, est la plus propice à la *cultura animi*. Le culte de l'émotion atteindra sa forme la plus haute en se transformant en un culte de l'admiration. C'est ce culte de l'admiration que notre livre voudrait promouvoir.

L'admiration devrait redevenir la principale éducatrice de notre sensibilité. Elle stimulerait ainsi le développement de notre spiritualité (nous l'avons vu plus haut), et elle renforcerait le lien social. Car le sentiment d'admiration, qui fait croître la spiritualité, fait croître également la citoyenneté. Il nous aide à être plus sociables, plus unis. Précisons ce dernier point avant de clore ce livre.

Sur quoi repose la cohésion sociale ? D'abord sur un contrat entre des individus libres et égaux en droit, comme l'ont montré Hobbes, Locke et Rousseau. La cohésion sociale dépend aussi, comme l'a souligné Jürgen Habermas, de notre aptitude à la communication, à l'échange de points de vue et à la résolution de conflits. Outre cela, elle requiert un élément d'ordre affectif : les grands rassemblements émotionnels qui ponctuent la vie collective, l'enthousiasme des foules, ses chagrins, ses peurs, ses délires, ses fêtes témoignent de la profondeur de ce besoin. Mais un quatrième élément est nécessaire pour cimenter le lien social. Les individus doivent pouvoir vibrer pour quelque chose d'élevé qui les arrache à eux-mêmes. N'est-ce pas, précisément, le rôle que remplit l'*admiration partagée* ? Entre toutes les émotions, celle-ci est la seule capable d'unir les individus tout en les élevant. Elle renforce le lien social plus solidement qu'une émotion ordinaire, car elle confère à ce dernier une qualité spirituelle. La force de l'admiration est de rassembler les êtres dans une communauté d'esprit.

Une nation est une âme, répète-t-on à la suite d'Ernest Renan. Ce n'est pas trahir la pensée de Renan que de la traduire ainsi : il faut de l'admiration partagée pour sceller la cohésion sociale. Une nation possède une âme quand les individus conservent un pieux respect pour leur terre, leur histoire, leur patrimoine, ainsi que pour les grandes figures artistiques, littéraires, politiques, industrielles, militaires qui honorent leur passé. Cette ferveur, cette vénération partagées constituent le principe spirituel d'une nation. C'est pourquoi l'admiration devrait redevenir la grande éducatrice de notre citoyenneté en même temps que de notre sensibilité. C'est à cette éducatrice qu'il faudrait s'adresser pour lui confier la réforme de nos mœurs. Si notre peuple veut garder son identité, s'il veut avoir un avenir, il doit rétablir la chaîne d'admiration qui, tel un fil invisible, relie les générations vivantes aux générations disparues. « Le passé a barre sur nous, écrivait Walter Benjamin. Nul ne peut résister à sa sommation. »

*Les hypsitariens*

Alors, soyons hypsitariens. Les hypsitariens étaient jadis un mouvement religieux. Ils sont connus surtout par une lettre que Goethe, âgé de quatre-vingts ans, écrivit à Sulpice Boissière [1]. Goethe n'avait jamais adhéré complètement à une confession religieuse. Aucun culte ne lui convenait vraiment. Et voilà qu'un jour il entend parler de la secte des hypsitariens, dont la profession de foi était simple : « Ils se déclaraient prêts, rapporte Goethe, à estimer, admirer, vénérer tout ce qui parviendrait à leur connaissance d'excellent et de parfait [2]. » Ni juifs, ni chrétiens, ni païens, les hypsitariens avaient pour unique credo l'admiration. Leur culte consistait à s'émouvoir devant ce qui est élevé, à s'enivrer de ce qui est beau. Goethe reconnut aussitôt ces hypsitariens pour ses frères spirituels. Quel dommage, confie-t-il à son correspondant, de ne pas avoir connu plus tôt cette secte, dont l'idéal répondait exactement à la doctrine de la *Weltfrömmigkeit*, la « piété pour le monde » qu'il avait toujours professée. Cette découverte, poursuit-il, « fit jaillir pour moi d'une époque obscure un rayon de joie, car je sentis que pendant ma vie entière je m'étais efforcé de me comporter en hypsitarien ».

Nous aussi, hommes et femmes du début du XXIe siècle, traversons une époque obscure. Mais le culte de l'admiration peut nous sauver.

1. Cf. Henri Lichtenberger, *op. cit.*, p. 226.
2. *Ibid.*

## Conclusion

# Rompre l'alliance de la sensibilité et de l'agitation

L'objet de ce livre était de montrer que la société est parcourue de puissants mouvements qui ont pour effet de dynamiser la vie émotionnelle. Nous entrons dans l'ère de l'émotion. « Que mon âme soit remuée par toutes les vibrations du monde ! », s'exclame l'homme contemporain. L'*Homo sapiens* cède la place à l'*Homo sentiens*.

Mais, comme nous l'avons vu, ce retour à l'émotion représente un danger tout autant qu'une richesse. Une richesse, car il atténue les excès du rationalisme. Un danger, car il aboutit à donner à notre sensibilité une orientation unilatérale. Dans le champ des émotions, en effet, l'individu actuel fait des choix qui altèrent la qualité de sa vie affective. Il délaisse les émotions calmes au profit d'émotions-chocs, d'expériences violentes, de commotions accumulées avec une frénésie gloutonne. De sorte que le thème séduisant de la « libération de l'émotion » tend à se transformer en une vulgaire revendication de « toujours plus d'adrénaline ! ».

D'où ce paradoxe : nos contemporains s'émeuvent beaucoup, mais ils ne savent plus sentir. Ils sont de plus en plus agités et de moins en moins sensibles. Fait significatif, le sentiment n'est guère à l'honneur de nos jours, au point que, constate Bertrand Leclair, « l'expression simple d'un sentiment deviendra bientôt l'action la plus concrètement subversive qu'on puisse imaginer dans l'univers communicationnaire [1] ».

Dès lors, on doit admettre que la qualité de la sensibilité constitue un des enjeux majeurs de notre époque. La priorité n'est peut-être pas, comme on le soutient parfois, de protéger la raison contre la montée de l'irrationnel, de défendre les Lumières contre l'obscurantisme. Notre système d'enseignement donne à cet égard une place suffisante à la rationalité, à la logique, aux mathématiques, à la physique. Les statistiques révèlent que les collégiens et les lycéens consacrent en moyenne cinq heures par jour aux sciences. Après quoi ces adolescents n'ont d'autre désir – et comment leur en vouloir ? – que de se défouler avec des jeux vidéo, des BD, des téléfilms, des musiques violentes. L'éducation qui est dispensée aujourd'hui souffre donc d'un profond déséquilibre. Beaucoup d'efforts sont déployés pour favoriser l'éveil de l'intellect, tandis que la sensibilité retourne à l'état de terrain vague où croissent des herbes folles. Devant quels objets, quelles œuvres, quels spectacles frémissons-nous ? Cette question, pourtant capitale, n'est jamais abordée.

Face au culte de l'émotion qui attire tant d'adeptes, il est nécessaire d'élever une protestation iconoclaste. N'hésitons pas à dire qu'il y a un bon et un mauvais usage de l'émotion. Certaines émotions nous dégradent

1. *Théorie de la déroute*, Verticales, 2001, p. 85.

tandis que d'autres nous élèvent. Certaines nous appauvrissent et d'autres nous enrichissent. C'est cette opposition entre deux régimes antinomiques de la vie affective qui constitue la véritable alternative de notre temps. Faute d'en discerner clairement les termes, le retour à l'émotion risque de nous conduire rapidement à la barbarie.

Comment lutter contre cette dégradation de la sensibilité ? Il importe d'abord de rejeter la confusion qui s'est établie dans nombre d'esprits entre l'*homme émotionnel* et l'*homme agité*. Dans le concert bruyant des sensations fortes, efforçons-nous de réveiller le poète qui sommeille en chacun de nous et adressons-lui la même prière qu'Alfred de Musset : « Poète, prends ton luth. » Oui, c'est de vrai lyrisme que nous avons besoin, non d'adrénaline. Brisons l'alliance funeste qui s'est nouée entre la sensibilité et l'artificialisme. Restaurons notre capacité de vibrer devant ce qui est naturel et ce qui est beau. « Libérer l'émotion » ? Soit, à condition qu'il s'agisse de la libérer des faux objets qui l'accaparent, des spectacles qui la dénaturent, des artifices qui l'instrumentalisent, des fictions qui la corrompent.

Il y a deux cent cinquante ans, Saint-Preux quitta les rives du lac Léman pour se rendre à Paris. Il découvrait notre capitale pour la première fois. Sitôt arrivé, il ressentit le poids d'une étrange aliénation. Dans cette ville en proie à l'excitation, se lamente-t-il, les droits de la sensibilité ne sont pas reconnus. Alors le héros de *La Nouvelle Héloïse* prend la plume pour écrire à Julie une lettre qui peut s'appliquer mot pour mot à la société moderne :

> « Je commence à sentir l'ivresse où cette vie agitée et tumultueuse plonge ceux qui la mènent, et je tombe dans un étourdissement semblable à celui d'un homme aux yeux duquel on fait passer rapidement une multitude d'objets. Aucun de ceux qui me frappent n'attache mon cœur, mais tous ensemble en troublent et suspendent les affections, au point d'oublier quelques instants ce que je suis. »

Et Saint-Preux poursuit :

> « Chaque jour en sortant de chez moi j'enferme mes sentiments sous la clé, pour en prendre d'autres qui se prêtent aux frivoles objets qui m'attendent [1]. »

Comme l'amant de Julie, nous sommes submergés par des émotions falsifiées. Nous enfermons nos sentiments sous la clé. Mais Rousseau nous apprend que son héros sut se ressaisir. Il refusa cette tyrannie et parvint à délivrer sa sensibilité. Qu'est-ce qui nous empêche d'en faire autant ?

1. *Julie ou la Nouvelle Héloïse*, deuxième partie, lettre XVII, p. 232.

# Bibliographie


André (Christophe) et Lelord (François), *La Force des émotions*, Odile Jacob, 2001.

Chateaubriand (René de), *Mémoires d'outre-tombe*.

Cosnier (Jacques), *Psychologie des émotions et des sentiments*, Retz, 1994.

Crépu (Michel), *La Force de l'admiration*, Autrement, 1988.

Damasio (Antonio), *L'Erreur de Descartes : la raison des émotions*, Odile Jacob, 1995, et *Le Sentiment même de soi : corps, émotions, conscience*, Odile Jacob, 1999.

Descartes (René), *Les Passions de l'âme,* in *Œuvres et Lettres*, Gallimard, Bibliothèque de la Pléiade.

Dürckheim (Carlfried von) : *Le Centre de l'être*, Albin Michel, 1992.

Ehrenberg (Alain), *L'Individu incertain*, Pluriel, 1999.

Elias (Norbert) : *La Civilisation des mœurs*, Calmann-Lévy, 1991, et *La Dynamique de l'Occident*, Agora-Pocket, 1990.

Foreseen (Collectif d'auteurs), *La Soif d'émotion*, Plon, 1999.

Fraisse (Paul) : « Les émotions », in Fraisse et Piaget, *Traité de psychologie expérimentale*, tome V, PUF.

Goleman (Daniel), *L'Intelligence émotionnelle*, J'ai Lu, 1998.

Janov (Arthur), *Le Cri primal*, Flammarion, Champs, 1978.

Koestler (Arthur), *Le Cheval dans la locomotive*, Calmann-Lévy, 1947.

Leclair (Bertrand), *Théorie de la déroute*, Verticales, 2001.
Lowen (Alexander), *La Joie retrouvée*, Dangles, 1995.
Marc (Edmond), *Le Guide pratique des nouvelles thérapies*, Retz, 1995.
Marcel (Gabriel), *Essai de philosophie concrète*, Gallimard, « Folio », 1999.
Morin (Edgar), *Le Paradigme perdu : la nature humaine*, Seuil, 1973.
Pagès (Max), *Trace ou sens : le système émotionnel*, Hommes et groupes, 1986.
Rousseau (Jean-Jacques), *Julie ou la Nouvelle Héloïse*.

Voir aussi les dossiers suivants :
« L'Esprit d'aventure », in *L'Express*, 4 mai 2000.
« Les secrets de nos émotions », in *L'Express*, 2 décembre 1999.
« Comprendre les émotions », in *Sciences humaines*, janvier 1997, sous la direction de J.-F. Dortier.
« Que d'émotions ! », in *Psychologies Magazine*, avril 2001.

# Table

*Troisième partie*

## Le bon usage de l'émotion

CET OUVRAGE
A ÉTÉ TRANSCODÉ
ET ACHEVÉ D'IMPRIMER
SUR ROTO-PAGE
PAR L'IMPRIMERIE FLOCH
À MAYENNE EN AOÛT 2001

N° d'éd. FU004101. N° d'impr. 51681.
D.L. : août 2001.
*(Imprimé en France)*